赵华 著

谐音"画"汉字

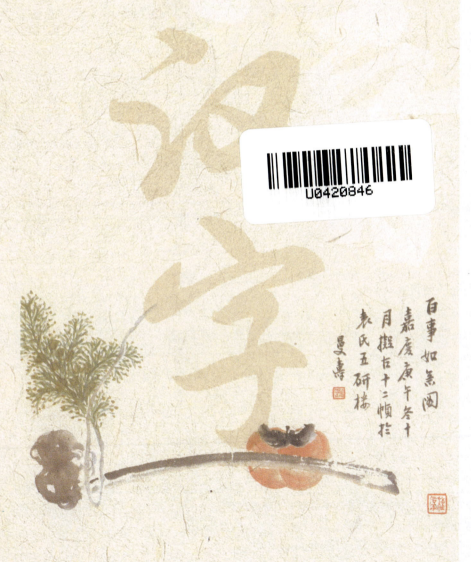

北京大学出版社

图书在版编目(CIP)数据

谐音"画"汉字/赵华著.—北京:北京大学出版社,2012.2

ISBN 978-7-301-19737-0

I.谐… II.赵… III.汉字—对外汉语教学—教学参考资料　IV. H195.4

中国版本图书馆CIP数据核字(2011)第231655号

书　　　名:	谐音"画"汉字
著作责任者:	赵　华　著
责 任 编 辑:	张弘泓
标 准 书 号:	ISBN 978-7-301-19737-0/H·2970
出 版 发 行:	北京大学出版社
地　　　址:	北京市海淀区成府路205号　100871
网　　　址:	http://www.pup.cn　新浪官方微博@:北京大学出版社
电 子 信 箱:	zpup@pup.pku.edu.cn
电　　　话:	邮购部 62752015　发行部 62750672　编辑部 62754144　出版部 62754962
印 刷 者:	北京大学印刷厂
经 销 者:	新华书店
	787毫米×1092毫米　16开本　14.25印张　230千字
	2012年2月第1版　2017年5月第4次印刷
定　　　价:	58.00元

未经许可,不得以任何方式复制或抄袭本书之部分或全部内容。
版权所有,侵权必究
举报电话:010-62752024　电子信箱:fd@pup.pku.edu.cn

目　录

序一 ································· 陆俭明 1
序二 ································· 白乐桑 3
前言 ································· 7

上编

第一章　"谐音字画"概论 ································· 2
第二章　谐音字与谐音图像 ································· 12
第三章　款题种类 ································· 20
第四章　谐音字画的两种表达方式 ································· 27
第五章　解读谐音字画的基本步骤 ································· 31
第六章　谐音字画"音"、"象"、"意"的特征 ································· 38
第七章　谐音字画引入汉语二语教学 ································· 44

下编

第一章　百 bǎi ································· 54
第二章　福 fú ································· 71
第三章　利 lì ································· 89
第四章　吉 jí ································· 102
第五章　路 lù ································· 122

第六章	喜 xǐ	135
第七章	仙 xiān	150
第八章	安 ān	163
第九章	清 qīng	175
第十章	年 nián	188

索引 ································· 200
中国历代年表 ······················ 212
主要参考书籍与文献 ··············· 213

序一

摆在读者面前的，是由赵华女士撰写的《谐音"画"汉字》。在我眼里，它首先是一本别具中华文化艺术特色的专著，同时也是汉语二语教学所必需的一本文化教材。

汉字、书法、绘画都是中国文化的瑰宝，而中国的艺术家将三者交融互映，让"音""象""意"这三大特征相互关联，从而形成了中国汉文化的一朵奇葩——区别于其他画科的"谐音字画"。

"谐音字画"这种艺术形式，先前已有学者用不同的名称谈论过。不过，"谐音字画"这个名称，这个概念，则是由赵华女士在2009年所发表的论文《"谐音字画"之我见》（载新加坡《南洋艺术》季刊总26期）中首先提出来的。这一概念，更侧重说明了汉语言文字在这一艺术创作中的独特应用与贡献。而以中国历代画家作品上的款题文字为主要语料来源，结合汉语二语教学，从"雅""俗"文化两方面，对谐音字画专门进行全面介绍与论述的，则应首推本书《谐音"画"汉字》了。

本书分上下两编，上编作者介绍、阐释了谐音字画，包括谐音作品中的款题种类、谐音字画的表达方式和谐音字画的特征等，说明了如何欣赏和解读谐音字画，并论述了将谐音字画引入汉语二语教学的作用；下编作者选取了在历代谐音字画中跟中国文化密切相关的十个高频谐音字———"百、福、利、吉、路、喜、仙、安、清、年"，配以谐音字画，逐字进行解析，引导读者观看并体会谐音字画作品中"画了什么""表达了什么信息"，从而来了解每幅作品所要表达的真实情感，所要传递的文化内涵与意趣。读者从这本书里，不仅可以知道这种古已有之、雅俗共赏的"谐音字画"是一种什么样的艺术形式,更可以从书中所附的画图中,从作者深入浅出的评说和解析中,了解中华民族那种"风趣诙谐、含而不露、寓教于乐"的文化理念和独特的表达手法,并能获取特有的艺术享受。这也正是我为什么说本书"首先是一本别具中华文化艺术特色的专著"的道理。

《谐音"画"汉字》,也是一本汉语教学,包括国内的对外汉语教学、汉语国际教学和海外的华文教学所必需的文化教材。其作用有二:

首先,《谐音"画"汉字》可以从一个层面帮助外国汉语学习者了解中华民族,特别是汉民族的文化特色,也将有助于增强海外华侨华裔子弟对中华文化的认同感。

其次,有助于汉字教学。在汉语教学中,尤其是在对非汉字文化圈的学习者开展的汉语教学中,汉字教学一直是一个很大的坎儿。一般一开始都是通过学习汉语拼音来学习汉语,而在进入汉字学习阶段后,学习者的人数开始下降,最后能坚持到底的可能就只有百分之二三十。教学实践告诉我们,在非汉字文化圈的学习者眼里,一个个汉字犹如一幅幅神奇的图画。他们对汉字普遍具有神秘感和畏惧感。谐音字画,则可以让学习者在真实的画面中体会汉语、汉字的神奇妙用,从而有助于他们认识、了解汉语、汉字,有助于他们解除对汉字的神秘感和畏惧感。作者在本书中有一章,即第七章"谐音字画引入汉语二语教学",专门论述了谐音字画与汉语二语教学的关系。这无疑为汉语学习者学习汉语、汉字开辟了一条新的有趣、有效的路径。

我相信,各位读者阅读本书后,一定也会产生与我一开头所说的相同的看法,那就是本书"首先是一本别具中华文化艺术特色的专著,同时是汉语二语教学所必需的一本文化教材"。是为序。

陆俭明

于北京大学蓝旗营

2011年7月10日

序二

En Chine, le cédrat est un fruit aussi fortement symbolique qu'il n'est odorant au naturel. Sculpté dans le jade, tel qu'on en faisait sous la dynastie des Qing, il était un présent portant bonheur, notamment au moment de la Fête du Printemps pour le Nouvel An. Ce fruit, appelé Fo shou, (« main-de-Bouddha ») évoque par jeu d'homophonie le « bonheur » (fu) et la longévité (shou).

Ainsi, un fruit devient un rébus de bon augure, une symbolique à plusieurs dimensions, une poésie visuelle possédant un pouvoir magique. Et que dire de ces gravures chinoises rassemblant un cédrat, une pêche, symbole d'immortalité, et une grenade, évoquant la fécondité ? Simple œuvre picturale ? Assurément non. Allégorie iconographique de bon augure ? Certainement. Plus encore peut-être : langage associant fonction de communication, fonction poétique (au sens où Roman Jakobson utilisait ce terme), fonction allusive, fonction magique. Bref, autant de fonctions que l'on attribue au langage. Une telle allégorie picturale a ceci de particulier qu'elle repose sur une écriture chinoise qui note le langage, mais qui comprend en lui-même une part de réel stylisé (les clés des caractères) et qui, pour certains caractères tout au moins, continue de perpétuer une fonction primitive des premiers signes : ils avaient le pouvoir de ce qu'ils exprimaient.

L'ouvrage de Mme ZHAO Hua est fondamental, en ce qu'il nous fournit les clés permettant d'accéder à un jeu symbolique complexe. Il aide d'autre part à comprendre que l'écriture (et les caractères chinois en portent parfois l'empreinte) a été enfanté dans le croisement d'une triple volonté : celle de communiquer, celle de peindre, celle de montrer. Enfin, et de magistrale façon, il vient apporter un éclairage saisissant à cette affirmation passablement oubliée de Ferdinand de Saussure, le père de la linguistique moderne : « Pour le Chinois, l'écriture est une seconde langue. »

Joël BELLASSEN

Inspecteur général de chinois, Ministère de l'éducation nationale, France

Directeur de recherche, INALCO, Paris

30 mai 2011

序二译文

在中国,香橼(yuán)是一种极富象征意味且散发香气的水果。清朝时,玉雕的香橼尤其在春节是给人带来好运的新年礼物。该水果还有一个名称,叫Foshou(佛手),借助谐音引起人们对福(fú)和寿(shòu)的联想。

一种水果就这样变成了吉兆的画谜、具有多重维度的象征和拥有魔力的视觉诗。那些把一个香橼、一只象征长生不老的桃子和一个令人联想到多子多孙的石榴聚到一起的中国版画又为何物呢?普通的画作?当然不是。寓意吉兆的图像?肯定无疑。或许更是集传达功能、诗性功能(取罗曼·雅各布森(Roman Jakobson)使用该词之义)、影射功能和魔幻功能于一身的语言。

总之,这些均为人们赋予语言的功能。这样的寓意画有其特别之处,即它以中国文字为依托。中国文字记录语言,但本身也包含一部分仿效的真实(比如汉字的偏旁),而且至少对某些汉字而言仍永久延续着初始符号,这些初始符号曾具有所表达事物之能力的符号的原始功能。

赵华女士的著述是一部力作,为我们提供了获取复杂的象征手法的秘诀,还帮助我们懂得了文字是在三重意愿,即:传达意愿、绘画意愿和出示意愿的交汇下产生的(这在汉字中常有迹可循)。最后,这部著作精辟而透彻地阐明了现代语言学之父费尔迪南·德·索绪尔

（Ferdinand de Saussure）几近被人遗忘的断言："对汉人来说……，文字就是第二语言。"

白乐桑

法国国民教育部汉语总督学

巴黎东方语言文化学院博士生导师

2011年5月30日

前　言

谐音现象是汉语语言活动中的一种常见现象。谐音,是指发音相同或相近。谐音字,就是利用音同或音近的条件,使两个汉字之间发生语音关联。发生的这种语音关联现象,叫谐音现象。汉语"字"与"字"之间的谐音现象纯属偶然,在字义上,谐音字之间本无必然的联系,然而,富于联想善于创造的中国人却巧妙地利用了这种语音上的偶然性,将本无关联的 A 字与 B 字,通过谐音的方式,进行了有意义的字义转换,进而达到"借 A 字表 B 字"的修辞效果。假若将这种谐音转换方式挪用在谐音作品的"图"与"字"之间,那么,这种"用图像表达文字意义"的视觉艺术,便被我们称做"谐音字画"或"字画谐音"。

比如,当我们看到挂在树枝上的四个柿子与一对清闲自在的喜鹊共处一个画面时,只要开启谐音转换的联想方式,"图"与"字"之间便可谐音出"愿一年四季好事成双"的词语"四时双喜"("四只柿子"谐"四时";"一对喜鹊"谐"双喜");同理,面对一只鹭鸶鸟与妩媚动人的芙蓉花相映成辉的作品构图,借助谐音方式,便会谐音出"愿君一生拥有华贵与荣耀"的词语"一路荣华"("一只鹭鸶鸟"谐"一路";"芙蓉花"的"蓉花"谐"荣华")。

从艺术形式上看,中国的谐音字画属美术范畴,

四时双喜图

一路荣华

由于谐音字的参与使用,使得这种艺术形式又同时与汉语语言学发生了密切的关联;从本质上说,谐音字画是一门集中国语言、文化、绘画乃至工艺美术于一身的视觉艺术,是一朵生长在中国文化语境中的艺术奇葩。千百年来,中国名家画师、能工巧匠无不对这一中华民族喜闻乐见的艺术形式备加喜爱推崇,他们根据自己的生活与理想,创作出大量风格迥异的谐音作品,使得这一雅俗共赏的艺术形式,成为传承中华文化、宣教道德操守、表达吉祥祝福的理想方式。步入谐音字画这座"字音画意水乳相融"的艺术殿堂,不仅可使我们窥视到中国各个时代的风情与民俗、崇尚与希冀,而且它独特的谐音"画"汉字手段更是令人耳目一新,可使我们充分领略到中华民族"风趣诙谐、含而不露、寓教于乐"的文化理念。

若将谐音字画这门融语言、文化与绘画于一身的视觉艺术引入汉语二语教学中,充分利用这种语言与文化融为一体的艺术形式,将不仅有利于教授者拓展语言教学的形式,活化语言文字的功能,而且还可以让学习者在学习语言的同时,更直观地感受到中华文化的博大精深与卓越风姿,在"画"的世界里,尽享一次赏心悦目的文化之旅,使习得汉语这一学习过程,变为一种与艺术实践相结合的音画享受。

一、本书的写作要点

本书从语言学角度出发,向读者介绍中华民族独有的艺术瑰宝——谐音字画。通过择取与中国文化密切相关的十个高频谐音字,借助奇妙的谐音线索,引领读者观看谐音作品中"画了什么",从而介绍每幅作品是如何通过汉字间的词语构建,进行信息、情感与文化的传递。这种通过谐音字画的赏析来体味谐音"画"汉字的过程,不仅生动地再现了这些高频谐音字是如何借助图像进行自身语义的表达,而且还告诉了人们这是汉语二语学习者独辟蹊径的林中之道,为学习者认识汉语、了解汉语、实践汉语开辟了一条全新而有趣的学习途径。

二、本书的编排方式与编写原则

1. 编排方式

本书分上、下两编。上编为理论部分,主要论述何谓"谐音字画",如何解读"谐音字画","谐音字画"的主要特征,"谐音字画"的表达方式,以及"谐音字画"在汉语二语教学中的优势与作用等;下编为实践部分,以精选的十个高频谐音字为纲(每一个谐音字独立成章),以该谐音字所涉及的谐音作品及相关拓展为目,依据"从音入手、以字带词、由图引文、融入文化"的编排方式,借助形象而直观的谐音作品,依次进行字义诠释、"图"与"字"的谐音转换说明、谐音作品的解读、中国文化与风俗典故的介绍,以及相关词语的扩展示范等。

2. 编写原则

（1）借用谐音字画"音"、"象"、"意"的三大特征，坚持"从音入手、以字带词、由图引文、融入文化"的原则，突出直观自然的教学理念，运用语言与文化相互渗透的融合教学法，从谐音字画角度，引发学习者对汉字词语、文化知识以及风俗典故的学习兴趣。

（2）依据常用性和文化性两大原则，精选出谐音字画中常见的十个高频谐音字，这十个谐音字本身均含有丰富的文化内涵。

（3）围绕这十个高频谐音字进行词语扩展时所涉及的新词语，分别以汉语拼音、英文解释、组词造句等不同形式加以展示。

（4）本书精选的一百多幅谐音作品，全部取自中国历代美术作品中的真实材料；所涉及与作品有关的所有款题词语，都是由画家本人题写的，或者是在中国传统谐音图案中早已"约定俗成"的。

三、本书面向的读者群

这是一本带领读者"从谐音字画走进汉语与文化"的书籍，涉猎语言、历史、民俗、文化与艺术等多门学科，它不仅适用于汉语二语学习的教授与自学，而且也适用于海内外喜爱中国语言、文化与艺术的相关人员备用与参考。本书视角新颖、资料翔实、深入浅出、通俗生动、简洁实用，适用范围包括：

1. 海内外汉语学习者，其汉语水平在中高级以上。

2. 海内外汉语教授者，可作为教授汉字与介绍中华文化的辅助教材。

3. 海内外汉语语言、中华文化与绘画艺术的研究者与爱好者。

4. 关注"谐音字画"这一领域的海内外中国艺术品收藏与鉴赏的研究者与爱好者。

上 编

第一章

"谐音字画"概论

一、何谓谐音字画

"谐音字画"[1],又称字画谐音,是一门借助"图"与"字"之间的谐音联想,用"图像表达文字意义"的视觉艺术。它巧妙地利用了语言学中的"谐音现象",使作品中的图像与款题中的文字发生谐音关联,进而生动地传达出作者想要表达的思想与情感。

通常,我们把"谐音字画"款题中某个与谐音关联的字称为谐音字,把"谐音字画"中某个与谐音关联的图像称为谐音图像。"谐音字"与"谐音图像"是构成谐音字画的两大基本要素,二者相互依存、交相辉映,呈现出"字音画意水乳相融"的共生状态。

中国的谐音字画虽属美术范畴,但它又与汉语语言学密切相关,是一朵生长在中国文化语境中的艺术奇葩。谐音,是构成这种艺术形

---

[1] "谐音字画"这一概念的提出,本人受启于倪亦斌先生在论文《中国装饰艺术中谐音画之解析》中提出的"谐音画"之定义以及谐音画的创作机制之解析(徐杰、钟奇主编[2007]《汉语词汇·句法·语音的相互关联》,北京:北京语言大学出版社)。在谐音艺术形式中,"字"与"图像"之间的关联主要靠的是谐音方式,"谐音字"对画意的表达起着主要作用,"谐音字"是这一艺术创作的活水源头。为更完善体现"谐音字"在这一艺术形式中的显著特点,本人提出了"谐音字画"的概念(赵华[2009]《"谐音字画"之我见》,新加坡《南洋艺术》季刊总26期)。

式的关键,是连接"图"与"字"之间无形的声音纽带。正是借助这条神奇的声音纽带,"谐音字画"特有的音画性、文化性以及趣味性,才被呈现得如此声情并茂、丰富多彩、谜趣诙谐、雅俗共赏。千百年来,这一中华民族特有的艺术形式,备受中国名师画家、布衣画匠、历朝天子、皇家贵族、平民百姓的喜爱与推崇,成为传承中华文化、宣教道德操守、表达吉祥祝福的理想方式。

二、在哪里可以找到谐音字画

谐音字画,是生长在中国文化沃土中的一朵奇葩,因此中国文化是孕育谐音字画最好的土壤,它多以平面绘画或多维立体艺术饰品的形式呈现于世。自清朝以来,大多平面绘画中的谐音作品上都标有由画家本人自题的款题,有心的赏画者,可以通过款题上的谐音字,对应画作中的各种图像,进行"谐音对字"的趣味品玩,从而了解体会画家要表达的思想与情感。跟平面绘画相比,多维立体装饰物品中的谐音字画比较特殊,比如雕刻、陶瓷、器皿、家居摆设等,由于无法将款题文字直接标写其中,通常需要观者借助耳濡目染的中华文化背景下的谐音手段,来解读与体味其中的寓意。

那么,在哪里可以找到谐音字画呢?广义上说,有中国文化的地方就有谐音字画的存在。只要稍加留心,谐音字画真可谓俯拾即是。一般来说,谐音字画是以"俗文化"与"雅文化"两种面貌呈现于世人面前的。

1. "俗文化"中的谐音字画

这类谐音字画,多以"俗文化"的面貌,广泛流传于富含中华文化况味的传统吉祥图案、年画、瓷板画以及具有装饰功能的多维立体艺术雕刻、器皿、家居摆设品中。

由于这类谐音作品的创作内容多与吉祥文化有关,所以,人们更普遍地称为"吉祥图案"[1]。1987年版的《中国美术辞典》、2001年版的《中国民间美术辞典》在对"吉祥图案"这一辞条的释义中,均选用了"喜上眉梢"、"连年有余"的谐音画例。然而,谐音字画的内涵与外延远比"吉祥图案"更为丰富多彩,它的文化范畴应远远大于"吉祥图案"。借助"谐音手段"所创作出来的谐音作品,不但涉及"吉祥文化",而且还囊括"意境文化"、"安居文化"、"仕途文化"以及人生所应恪守的道德、信仰与理想追求。总体上看,谐音字画最终的表达主旨,是与中华民族积极向上的文化理念相联系的。

在"俗文化"中,解读这类谐音作品时,除了借助作品中标写出来的款题外,还可应用"约定俗成"法,去理解那些无法将款题标写其中的多维立体器皿、饰物等。比如,"石头上站着一只大鸡"的图像模式,可以谐音出"愿贵府吉祥顺意"的词语"室上大吉"(见本书下编"吉"章),其中,"石头"的"石"shí与"房室"的"室"shì为一对谐音字,"大鸡"的"鸡"jī与"吉祥"的"吉"jí为一对谐音字;中国徽州民居中常将"摆钟"、"花瓶"、"镜子"这三种实物物品并排摆放在家中正堂条几上,虽无任何文字提示,但依据"约定俗成"的谐音联想,那里的人们视其为"终生平静"或"平静终生"的生活意境[2]。

---

[1] 在目前介绍中国传统吉祥图案的书籍中,以下列四种书籍为例,其中所选的内容与图案一半以上都与"谐音字画"有关。它们是:黄全信(2003)《中华五福吉祥辞典》共五册(北京:华语教学出版社),李典(2005)《中国传统吉祥图典》(北京:京华出版社),Terese Tse Bartholomew(2006)Hidden Meanings in Chinese Art,中文书名为《中国吉祥图案》,大乔(2008)《图说中国吉祥物》(北京:中国社会科学出版社)。此外,王抗生、蓝先琳(2004)《中国吉祥图典》上、下册(沈阳:辽宁科学技术出版社),书中三分之一的吉祥图案实际上也都选用的是"谐音字画"。

[2] 这是中国黄山市(徽州地区)常见的一种谐音民俗。其中,"摆钟"的"钟"zhōng与"终生"的"终"zhōng为同音同调的谐音字;摆钟所发出的"钟声"zhōngshēng与"终生"zhōngshēng为同音同调的谐音词;"花瓶"的"瓶"píng与"平安"的"平"píng为同音同调的谐音字;"镜子"的"镜"jìng与"平静"的"静"jìng为同音同调的谐音字,从而谐音出词语"终生平静"zhōngshēng píngjìng,意思是"愿人的一生平安顺利"。

通过固定的图像组合模式,借助汉语语境中的"约定俗成"法,直接谐音出隐含其中的画意,这种图像与文字之间的格式化关系,是谐音字画通俗的表现形式。从语言意义上说,也正是因为这种图像上的固定模式与文字上的格式化,使得谐音字画这一艺术形式成为了传承中华民族悠久文化最为稳定而流行的重要手段之一。长北先生在《中国艺术史纲》下册,对该类现象做过这样一个总结:"我国吉祥意识和吉祥图案虽然早已存在,明人则将其规范化、系列化了,形成了一系列固定组合,以寄托对福、禄、寿、喜、财的全面祈求。"[1]

2. "雅文化"中的谐音字画

这类谐音字画多以"雅文化"的面貌,呈现在中国书画界的各种作品中。对于这类谐音作品,在观赏与解读时,通常无固定统一的图像模式与词语格式,借助每位画家自题的款题,从款题中提取谐音字,再对照作品中的谐音图像,是了解这类作品"画意"的主要依据。

还是以"石头上站着一只大鸡"的图像模式为例,在俗文化中,谐音出"室上大吉"的"室"字,是根据"石头"的"石"shí与"房室"的"室"shì这一对谐音关系;若在文人书画中,同样的图像组合模式,"石头"的"石"shí却还可谐音出"事"shì或"世"shì,比如清代画家李鱓(1686—1762)的《百事大吉》(见下编"吉"章)、当代画家公丕炎的《盛世吉祥》画作。

再如,针对同一个谐音款题,书画界的画家常常通过不同的"谐音图像"来加以组合完成。以画作《群仙祝寿》(见下编"仙"章)款题中的"仙"、"祝"、"寿"三个谐音字为例,在画家陆治(1496—1576)、程璋(1869—1938)、蔡铣(1897—1960)的各自画笔下,呈现出的谐音图像组合是"水仙花"、"天竺子"和"绶带鸟";在画家吴榖祥(1848—1903)、

---

[1] 长北(2006)《中国艺术史纲》下册(插图本)北京:商务印书馆,第500页。

于非闇(1887—1959)的各自画笔下,是"水仙花"、"竹子"和"绶带鸟";在画家陈半丁(1876—1970)的画笔下,是"水仙花"、"天竺子"和"寿山石";在画家金农(1687—1764)、陈少梅(1909—1954)的各自画笔下,是"水仙花"、"竹子"和"寿山石";在画家郑百重(1945—)的画笔下,则是"仙鹤"、"竹子"和"寿山石"。

很显然,这类"雅文化"中的谐音作品,从图像的挑选到款题中的谐音字使用,完全取决于画家本人对汉字谐音的理解、偏好以及自身作品创新的需求。因此,"雅文化"中的谐音字画,可以说,更能体现出艺术创作上个性的自由与思想的解放。"艺术史上任何一位有成就的艺术家,其作品都具有与众不同、富有个性的艺术风格",而"风格独特的关键在于创新"[1]。追求创新,应是中国书画界中以文人画为主的谐音字画与世俗谐音字画的最大不同。这类谐音作品的创作风格,应该说,总是呈现出不拘一格的千姿百态。

清楚中国绘画创作中的"谐音现象",了解每位画家对谐音字的创新需求,熟悉每位画家习惯使用的谐音图像、构图模式以及路数变化,是正确解读"雅文化"中的谐音字画之关键,也是对画家本人在谐音字画领域中辛勤耕耘与不断贡献的价值认可。

三、雅俗共赏是中国谐音字画的最大特色

雅俗共赏是中国谐音字画的最大特色。谐音字画不仅仅存在于民间的"俗"文化中,也存在于文人名流的"雅"文化中。事实上,谐音字画既不属于"吉祥图案",也不应该隐埋在中国的花鸟画、人物画、写意画的名目下,它独特的"谐音手法",是区分于其他绘画形式的根本

---

[1] 详见张黔(2008)《艺术原理》北京:北京大学出版社,第151—152页。

标志。历史上著名的"华封三祝"典故,在清代画家颜元(1635—1704)的《华封三祝》画作中,巧借着画面中老者手中的"三片竹叶",将当时华州人对尧帝的三个祝愿"祝长寿"、"祝富贵"、"祝多生男"得以巧妙传递,其中,"竹叶"的"竹"zhú与"祝愿"的"祝"zhù为同音异调的谐音字,"三片竹叶"即为"三祝"。指认这幅作品为谐音画作的最明显标识,就是与款题上的谐音词"三祝"直接对应的谐音图像"三片竹叶"。中国近现代艺术大师齐白石(1864—1957)在考虑表达"三祝"概念时,显然也利用了"谐音现象",为了突显"祝"的谐音张力,将"三根竹子"的图像足足占据了画面三分之二还多的空间,其中,"竹子"的"竹"zhú与"祝愿"的"祝"zhù为同音异调的谐音字,"三根竹子"即为"三祝"。谐音字"祝"在此的参与,明显让《三祝图》这一画作腾然超逾了普遍意义上的写意画,直截了当地跃进了具有特殊意义的谐音字画领域。

自明清以来,尤其近现代绘画史上,代表中国书画界主流的文人书画,可以说,出现了更多与谐音字画相联的艺术创新作品。从某种意义上讲,"俗"文化更具有普及意义,而"雅"文化则因倡导个性自由与创新理念,成为引领谐音字画向前发展的主导力量。雅俗共赏应是中国谐音字画的最大特色。只有从这个特色出发,才有可能窥视到一个完整而全面的谐音字画整体

三祝图

谐音"画"汉字

风貌。为了说明这一点,举一个由谐音图像"万年青"引出的谐音字"万"的实际例子。

在"俗"文化中,由"万年青"引出的谐音字"万",有"万年"[1]与"万象"的二字格构词,常见的词语有"一统万年"和"万象更新";在"雅"文化中,由"万年青"引出的谐音字"万",不仅体现在"万年"与"万象"的构词以及"一统万年"和"万象更新"的组词上,而且还有"万事"、"万世"、"万寿"、"万岁"、"百万"等更多的二字格构词,以及"万事如意"、"万世如意"、"万寿无疆"、"祖国万岁"、"和平万岁"、"万象回春"和"经营百万"等更多变化的组词。可以说,在"雅"文化中,我们看到了谐音字"万"更为灵活广阔的应用空间,看到了画家借助汉字强大的构词能力而对谐音作品进行大胆地创新。因此,要想全面了解一个谐音图像"万年青"究竟在谐音字画中与多少个汉字词语建立起了关联,就应该从"雅"、"俗"两个方面同时挖掘与总结,唯此,才有可能看到跟谐音图像"万年青"有关的"万"字谐音家族;唯此,才有可能看到一个完整而全面的谐音图字关联网。

能够完整而全面地认识谐音图字关联网,其现实意义是:可以帮助我们正确解读不同时代背景下,针对同一个谐音图像,存有的代表不同语义的谐音作品。比如,"万年青"这一图像引出的"愿当朝皇帝永远统治天下"的"一统万年"词语,表达的是对当时大清王朝永久统一天下的祝颂之意;若将这一图像放到了1949年新中国成立以后的画家作品中,表达的语义则完全可能是"祝愿伟大的祖国万寿无疆",即"祖国万岁"的组词。换句话说,能够了解"同一谐音图像,在不同时代背景下可能存有的代表不同语义的谐音作品"这一客观事实,就可以帮助避免在针对同一个谐音图像进行解读时,片面地沿用某一时代产生的某些词语,或沿用某一通俗意义上的定势思维,来诠释另一个

---

[1] 这里的"万年",也可理解为直接取自"万年青"的"万年"一词。

时代或"雅"文化中画家的创新作品。正如前面所言,熟悉每位画家习惯使用的谐音图像、构图模式以及路数变化,了解他们对谐音字的不同挑选与构词表义,应是对画家本人在谐音字画领域中辛勤耕耘与不断贡献的尊重与认可。近代法国史学家与文艺批评家丹纳曾定下了这样一条正确理解艺术的规则:"要了解一件艺术品,一个艺术家,一群艺术家,必须正确地设想他们所属的时代的精神和风俗概貌。这是艺术品的最后解释,也是决定一切的基本原因。"[1]同样,这一规则也通用于对谐音字画每幅作品的具体解读中。

由于汉语的谐音现象"不再是一种个别的、偶然的、杂乱的现象,而是一种大量的、经常的、系统存在的现象"[2],那么,利用谐音而创作出来的活生生的谐音字画,也一定不是一种杂乱的现象,它应该自有规律自成体系。倪亦斌先生曾以一位严谨的学者高度,指出"系统地研究谐音画进而向大众揭示此类图像中蕴含的意义及其规律"[3]的必要性,然而,对这一领域的认识与研究,目前在中国的学术界还未引起重视。找到它的内在体系,总结它的变化规律,从"俗文化"和"雅文化"两方面同时入手,应是研究谐音字画的正确思路。

人类历史长河的进程中反复证明:认识与理解客观世界,"是人从实践到认识,又从认识到实践的不断反复流转的发展过程"[4]。进一步说,发掘并梳理"俗文化"与"雅文化"中前人已使用过的"谐音字"及"谐音图像",总结它们所含有的谐音符号特征,再通过这些谐音符号,与时俱进地跟新时代新思想新词语相融并汇,与当代中国现代化的建设与发展相结合,进而开发并创作出更多更新更为当代人喜闻乐见的

---

[1] 丹纳(1996)《艺术哲学》,合肥:安徽文艺出版社,第46页。
[2] 王苹2002(2)《汉语谐音表达客观基础》,修辞学习,第9页。
[3] 倪亦斌《中国装饰艺术中谐音画之解析》,徐杰、钟奇(2007)《汉语词汇·句法·语音的相互关联》,北京:北京语言大学出版社,第368页。
[4] 朱光潜(2007)《谈美书简》,南京:江苏文艺出版社,第17页。

"谐音字"与"谐音图像",应是谐音字画继往开来的发展方向。

前中共中央书记处书记李瑞环在1995年12月20日会见新加坡内阁资政李光耀时曾谈过:"继承和弘扬民族传统优秀文化,并使其在现代化建设中发挥应有作用,就必须研究与现代科学、现代文明相结合。结合很不容易,但结合非常重要。离开结合,就不能很好地继承,更谈不上发展与创新。"[1]这种承上启下继往开来的"结合"观,同样,在针对当今中国的谐音字画发展与创新问题上,也具有着现实的启发意义。

四、谐音字画的符号特征

费尔迪南·德·索绪尔(1857—1913)在他的《普通语言学教程》中首次提出了语言学上的符号概念,认为语言符号都是概念与声音的结合体。也就是说,每种语言最基本的单位是字词,每个字词相当于一个语言符号,这个符号至少应该包含两层意义,即可以发出某种声音并且具有某种意义,索绪尔认为:"这两个要素是紧密相连而且彼此呼应的"[2]。

分析谐音字画的特征,恰好与索绪尔指出的语言符号特征有相似之处。假若我们把一个谐音作品当成"谐音图像"与"谐音字"的结合体,再把这个结合体当成一个符号,那么这个符号同语言的字词符号一样,也是可以发出某种声音并且具有某种意义的。

细琢又发现,谐音字画与语言的字词符号相比,其声音的作用似乎更加灵活与主动。当我们欣赏谐音字画时,抢先映入眼帘的是"谐音图像",而称说这个图像时,会发出某种声音,循着这种声音,我们的

---

[1] 李瑞环(2007)《辨证法随谈》,北京:中国人民大学出版社,第142页。
[2] [瑞士]费尔迪南·德·索绪尔,高名凯译(1980)《普通语言学教程》,北京:商务印书馆,第101页。

思绪会暂时离开这一"谐音图像",而被引领并落在虽然发相似声音却表达不同语义的"谐音字"上。尽管谐音字画的符号特征也是以声音与意义结合体的形式呈现出来,然而,"谐音图像"在提供了"声音"信号后,似乎已经完成了中介与桥梁的作用,因为观者已经借着这种声音从"谐音图像"上飞离出来,瞄定到另外一种发出相似声音却承载不同语义的客体身上,即"谐音字"上。这种在声音掩护下的移情别恋、得意忘形,令谐音字画的符号特征具有了鲜明的音意性与趣味性。

　　由此,我们可以这样理解:谐音字画,实际上还是一种音意并茂的"谐音符号",谐音在此,不仅具有图字对接的语音功能,而且还为图字之间的语义转换铺路架桥。比如,由"福"字衍射出含"顺利、好运"之意的《平生五福》、《福禄鸳鸯》和《福寿图》这三幅谐音作品(见本书下编第二章),它们分别利用了"蝙蝠"、"芙蓉花"、"富贵花"这三种不同的谐音图像,根据"蝠"fú、"芙"fú、"富"fù的读音,分别引发出对"幸福"的"福"fú字联想。进一步说,"蝙蝠"、"芙蓉花"和"富贵花"这三个图像名称,在这三幅作品中,已经远离了它们自身名称的语义,而且通过fu音这条渠道,瞄定到了承载不同语义的"幸福"概念上。这种图像与文字之间的语音衔接与语义转换,显然借助了语音上的谐音关系而得以完成的。这样看来,当我们视谐音字画为谐音符号时,实际上,就是将谐音图像、谐音字以及谐音视为结合在一起的整体,这一整体有图、有字、还有音,它们相互勾连缺一不可,共同目标为的是一种意义与信息的传递。

　　至此,我们了解了什么是谐音字画,什么是谐音字画雅俗共赏的文化特性,什么是谐音字画的符号特征。既然谐音字画是生长在中华文化的土壤之中,是借助谐音将图像与汉字完美地体现在一幅幅的谐音作品中,那么,从这一意义上讲,谐音字画作为一种符号的表现体,还应成为极具代表性的中国文化符号——中华谐音符。

第二章
谐音字与谐音图像

"谐音字"与"谐音图像"是构成谐音字画的两大基本要素。通常,我们把谐音字画款题中与谐音关联的某个字称为谐音字,把谐音字画中与谐音关联的某个图像称为谐音图像。了解"谐音字"与"谐音图像"的归类方法,熟悉这二者之间的谐音默契,将为我们走进谐音世界、欣赏谐音字画打开方便之门。

一、谐音字及其分类

谐音,顾名思义,是指发音相同或相近。谐音字,就是利用音同或音近的条件,使两个汉字之间发生语音关联。比如,一个单音节 ji,包括四声在内,存有"吉、鸡、击、肌、急、集、积、辑、几、己、纪、技、季"等这些异形异义的汉字,当这些汉字在语言使用中发生了相互间"借 A 字表 B 字"的语音关联时,语言学上,便称它们为谐音字。

从谐音字画角度来归纳谐音字的种类,通常包括以下四种形式:

1. 同音字(词),属异形异义同音字(词),即声母、韵母相同,声调或同或异,但形与义均不相同的字(词)。比如,"蝙蝠"的"蝠"fú 与"幸福"的"福"fú为同音字;"芙蓉花"的"蓉花"róng huā与"荣华"róng huá为同音词。

2. 音近字(词),属异形异义音近字(词)。这些字,或是声母相同韵母不同,或是声母不同韵母相同,声调或同或异,但字形、字义均不相同。比如,"橘子"[1]的"橘"jú与"吉利"的"吉"jí、"佛手"的"佛"fó与"幸福"的"福"fú均为同声母、异韵母的音近字;"佛手"fó shǒu与"福寿"fú shòu则为音近词。

3. 同为一个字(词),属同形同义同音字(词)。这类谐音字比较特别,因为它们实际上是一个字(词),比如,"喜鹊"的"喜"与"喜事"的"喜",这两个"喜"本是同一个汉字;"万年青"的"万年"与"一万年"的"万年",这两个"万年"也本是同一个词。不过在谐音作品中,当这两个"喜"之间、这两个"万年"之间发生了不同指称的转换时,它们之间即被看做具有谐音的关系。

4. 多义字(词),为"一字多义"(或"一词多义")现象,属同形异义同音字(词)。比如,"大象"的"象"与"景象"的"象"为"一字多义"现象;名词"如意"[2]与"符合心意"的动词"如意"为"一词多义"现象。这种具有"多义"特征的字(词),在谐音作品中,若发生了不同指称上的转换,同样,也被看做具有谐音的关系。

以上就是从谐音字画角度归纳出的四种最为常见的谐音字种类,其中的第三、第四种形式,可视为狭义上的谐音字种类。此外,还有一些特例谐音字。比如,取图像名称上某一汉字的偏旁部首,来作款题中的谐音字。清末画家任伯年1887年创作的《传胪一甲》画作,款题上表示考试得到"第一名"的谐音字"甲",就是取自画面图像"鸭子"的

---

[1] "橘子"俗称"桔子"。
[2] 这是一种象征吉祥的摆设器物,常用玉、竹、骨等材料制成,器物顶端呈灵芝或云朵形。见(2005)《现代汉语词典》第5版,北京:商务印书馆,第1159页。

谐音"画"汉字

"鸭"这一左边的偏旁部首"甲"。

二、谐音图像及其分类

谐音图像,是指与谐音字有直接关联的一个个具体的画面、图案与造型,它们在谐音作品中,具有指向性的谐音功能。这里,"谐音图像"与"谐音字"因为谐音而彼此关联,二者总是遥相呼应,共同诠释着作者欲要传递的信息或寓意。

根据"谐音图像"在一个个具体的画面、图案与造型中所具有的不同功能,我们将谐音图像进行归类。假若谐音图像所指向的内容涉及到具体事物的名称,我们便将其归类为"名称谐音图像"。除此之外,常见的谐音图像还有:"颜色谐音图像"、"动作谐音图像"、"形态谐音图像"、"位置谐音图像"和"数量谐音图像"等六种类型。

现在,就让我们逐一来看这六种常见谐音图像的划分原则:

传胪一甲

1. 名称谐音图像

作品中的画面、图案与造型是由具体的事物来加以呈现的,取这些事物本身的名称读音,来对应作品款题中的某一谐音字,这类谐音图像因与事物名称有关,便被称做名称谐音图像。具体有以下三种形式：

（1）取谐音图像所表达的事物名称

这类谐音图像，是直接取事物本身的名称读音。比如，画家恽寿平（1633—1690）的《百龄图》（见下编"百"字章），该作品款题中的谐音字"百"和"龄"，都是直接取自然界"柏树"的"柏"与"灵芝"的"灵"这两个实物名称的读音。

（2）取象征图像所表达的事物名称

象征图像，是指通过象征手法创作出来的图像。比如，本书列举的"蟠桃"、"山石"和"乌龟"，在中国文化语境中，它们都具有"长寿"之意，因此，"蟠桃"又称"寿桃"、"寿果"；"山石"又称"寿石"；"乌龟"又称"龟龄"、"龟寿"。此外，"牡丹花"有"富贵花"之称；"菊花"有"延年益寿"之称，它们都是象征图像。

假若这些象征图像，反过来，充当了谐音字画中某一谐音字的对应图像，那么，便可称它们为谐音图像。比如，下编"福"字章中的《福寿图》和《福寿人间》两幅作品中的"富贵花"，本属象征图像，但是，由于"富贵花"的"富"fù与款题中"福寿"的"福"fú形成了一对谐音关系，由此，"富贵花"这一象征图像，在这里，便被视做了谐音字"福"的名称谐音图像。

（3）其他名称形式

名称谐音图像，如前所述，可以取事物本身名称的读音，也可以取事物名称的别名、俗名之读音，还可以直接取别名、俗名中的一两个语素，也还可以直接取事物名称的偏旁部首等，总之，只要使用的这些谐音图像时是与作品中的某一事物名称或者它们的读音有关，都将它们归类为名称谐音图像。

要指出的是，由于名称谐音图像是直接利用了图像中事物名称的读音，来快捷便利地完成"图"与"字"之间的谐音转换，所以，名称谐音

谐音"画"汉字

图像是谐音字画作品中最为常见的选用图像。

2. 颜色谐音图像

根据作品中的某一颜色名称的读音,来对应款题中的某一谐音字,使它们二者之间产生谐音关联。这类谐音图像因与颜色有关,便被称做颜色谐音图像。

例如,下编"清"字章中的谐音作品《清平富贵》、《清平福来》和《河清海晏》,它们在选用花瓶的颜色时,都使用了"青"色(即"青色的花瓶"),这种"青"色与三个作品款题中的"清"字分别形成了一对谐音关系,由此,"青"的颜色,成为了谐音字"清"的颜色谐音图像。

3. 动作谐音图像

根据作品画面、图案或者造型中的某一动作名称的读音,来对应款题中的某一谐音字,使它们二者之间产生谐音关联。这类谐音图像因与动作有关,便被称做动作谐音图像。

例如,下编"吉"字章中的谐音作品《吉庆图》,画面构图中可见"一个人正欲敲击一种乐器",这一"敲击"动作的"击"字,是用来对应"吉庆"款题中的谐音字"吉",由此,"敲击"的动作,成为了谐音字"吉"的动作谐音图像。再如,下编"安"字章中的谐音作品《平安富贵》,画面构图可见"花瓶里安放着牡丹花"的动作状态,"安放着"这一短语,是用来对应"平安富贵"款题中的谐音字"安",由此,"安放着"的这一动作状态,成为了谐音字"安"的动作谐音图像。

4. 形态谐音图像

根据作品画面、图案或者造型中的某一事物形态,来对应款题中的某一谐音字,使它们二者之间产生谐音关联。这类谐音图像因与形态有关,便被称做形态谐音图像。

例如,下编"年"字章中的谐音作品《长年》、《长年大寿》、《长年大贵》和《长年大利》,均采用了夸张的手法,突出描绘出鲇鱼这一"长长的"形态,由此,"长长的"形态成为了谐音字"长"的形态谐音图像。再如,下编"吉"字章中的谐音作品《室上大吉》,同样也采用了夸张的手法,描绘出一只几乎占据了整个平视画面的"大公鸡"形态,由此,"大大的"这一形态,成为了谐音字"大"的形态谐音图像。

5. 位置谐音图像

根据作品画面、图案或者造型中的某一事物的位置名称,来对应款题中的某一谐音字,使它们二者之间产生谐音关联。这类谐音图像因为与位置有关,便被称做位置谐音图像。

例如,上述作品《室上大吉》,画面构图中可见"一只站在石头上的大公鸡","站在石头上"这一位置,是用来对应款题中的谐音词"室上",由此,"在……上"这一表示方位的图像,成为了谐音字"上"的位置谐音图像。再如,下编"清"字章中的谐音作品《事事清高》,画面构图可见"一只高高在上的蜻蜓","蜻蜓"这个被作者有意安排"在高处"的构图位置,实际上,是用来对应款题中"清高"的"高"字,其中,"在高处"这一位置,成为了谐音字"高"的位置谐音图像。

6. 数量谐音图像

根据作品画面、图案或者造型中的某一事物的数量名称,来对应款题中的某一谐音字,使它们二者之间产生谐音关联。这类谐音图像因与事物的数量有关,便被称做数量谐音图像。

例如,下编"福"字章中的《五福》、《五福捧寿》、《平生五福》和《平安五福自天来》这四幅作品,画面构图有一个共同特征:"五只蝙蝠"。

其中，"五只"这一数目词，是用来对应款题"五福"概念的"五"，由此，表达"五只"的数量，成为了谐音字"五"的数量谐音图像。再如，下编"喜"字章中的谐音作品《四喜》，作品构图中可见"四只喜鹊"。"四只"这一数目词，是用来对应款题"四喜"中代表"四件喜事"的"四"，由此，表达"四件"的数量，成为了谐音字"四"的数量谐音图像。

需要指出的是，在谐音作品的画面构图中，有些事物的数量是可数的，比如上面提到的数字"四"与"五"，因此，它们又称做可数的数量谐音图像；有些事物的数量则是不可数的，比如下编"利"字章中的谐音作品《多利》，画面中描绘出"许多荔枝"，"许多"即为不可数的数量，成为了款题中"多"的不可数的数量谐音图像。由此，数量谐音图像还可细分为可数与不可数两种情形。

以上便是"谐音字"与"谐音图像"的定义与划分原则。

此外，谐音作品款题上的字数与格式是没有统一规定的，最常见的为二字格和四字格的词语组合。款题中的谐音字在字数上，也是或多或少，有的款题可能字字都是谐音字，比如，画家齐白石在1946年创作表达的"祈盼太平幸福的日子早日来临"画作《清平福来》（见下编"清"字章），款题中"清"、"平"、"福"、"来"这四个字，可谓字字皆谐音字，在画面上，都可以找到它们各自对应的谐音图像："青色"的花瓶是"清"字的颜色谐音图像，"花瓶"的"瓶"、"蝙蝠"的"蝠"是"平"与"福"字的名称谐音图像，"蝙蝠朝青色的花瓶飞来"的动作，是"来"字的动作谐音图像；有的款题则可能只有一个谐音字，比如，画家王震1916年创作的《福寿人间，春风颜色共须眉》画作（见下编"福"字章），虽然款题一共有十一个字，但谐音字却只有一个，即"福"字，"富贵花"是这里谐音字"福"的唯一名称谐音图像。

综上所述,我们可以看到:"谐音图像"与"谐音字"之间所发生的关联,归根到底是"谐音"的联系。也就是说,谐音,是架在"谐音图像"与"谐音字"之间的隐形桥梁,谐音的联系是它们之间本质的联系,谐音的线索,应是引领我们走进谐音字画的关键。

第三章

款题种类

　　款题，是指谐音作品中以文字形式直接或间接地书写在作品上，用以说明或解释该幅作品的内容与意义。因为谐音字通常存在于款题之中，所以，款题是正确解读谐音作品的重要依据。

　　一般而言，谐音字画的款题可分为显形款题和隐形款题两大类。直接题写在作品中的款题，我们称为显形款题。显形款题多见于文人书画中，它又分为实写款题、谐写款题、混合款题、谜语款题、省略谐音字的款题等五种形式。未直接题写在作品上的款题，我们称为隐形款题。隐形款题更多地见于"俗文化"中的传统图案、造型艺术以及多维立体的谐音作品中，在这些作品中，由于款题文字没有被直接题写在作品中，观者需要在中华文化的语境下，依靠"约定俗成"中的"图"与"字"之间的谐音关联，来识别隐含在谐音作品中的无字款题，进而完成"望图生义"的解读过程。

一、显形款题

1. 实写款题

实写款题,顾名思义,是将谐音作品中谐音图像的名称直接标写在款题上。

例如,清代画家黄慎(1687—1768?)的《击磬图》(见"吉"字章),就是一幅带有实写款题的谐音作品,作品生动地描绘了"一个人正欲敲击磬"的场景。作者将"击"和"磬"组成的"击磬"二字,直接题写到款题之上。解读这类款题,切忌只停留在表面的"击磬"语义上,而是要借助谐音常识,主动开启"谐音对字"的转换机制,将"敲击"的"击"jī转义成"吉祥"的"吉"jí,将"磬"qìng转义成"庆祝"的"庆"qìng,从而得出谐音词"吉庆"。从修辞手法上说,"击磬"在此属谐音双关词,起到的是"看似此,实指彼"的语义双关作用,它的实际语义应为"庆祝好运"的"吉庆"二字。

汉语的"谐音双关"修辞手法是很常见的语言表达手段,其作用就是让语言表达变得藏巧含趣。比如,"因荷而得藕,有杏不须梅"这幅家喻户晓的对联,表义上是说"因为荷花而得到了莲藕,有了杏子才不需要梅子",可实际语义却是"因和而得偶,有幸不须媒",意思是说:"真幸运,因为缘分让我遇上了他(她),我们不需要媒人而成为彼此的最佳配偶。"这里,"荷"、"藕"、"杏"、"梅"就属四个谐音双关字,其中,"荷"hé与"和"hé、"藕"ǒu与"偶"ǒu、"杏"xìng与"幸"xìng、"梅"méi与"媒"méi各自构成一对谐音字。

有关实写款题,在本书下编"百"字章中还可看到一个画例,它是明宪宗朱见深(1447—1487)的《柏柿如意》谐音作品。细看画面构图中的三个谐音图像:"柏树枝"、"柿子"和"如意",借用"谐音对字"的转换机制,可以得出,"柏树枝"的"柏"bǎi与"一百"的"百"bǎi、"柿子"的

"柿"shì与"事情"的"事"shì各为一对同音同调的谐音字,组成"百事";器物名称"如意"与"符合心意"的动词"如意"属一词多义,得出词语"百事如意"。这里,"百事如意"就是"柏柿如意"的双关语义,实际意思是"愿生活中各种各样的事情都顺心合意"。

2. 谐写款题

谐写款题,是将谐音作品中的谐音图像名称,通过"谐音对字"的转换机制,把转换出来的谐音字,直接标写在款题之上。这样做的目的是更清晰明了地表达作者的意图,让观者通过解读款题而直接理解作品的画意。所以,在谐音字画显形款题种类中,谐写款题是作者最乐意采用的一种题写方式,也是最有利于观者理解画意的款题形式。

例如,与上面提及的实写款题《击磬图》画作情形相反,清代画家包楷(1736—1820)的《吉庆图》(见"吉"字章),是将"击磬"二字按照谐音加以转换成"吉庆"二字,并将这一转换出来的谐音词"吉庆"直接题写到了款题之上,让观者一读款题上的文字,便知该画意与"庆祝好运"有关。同样,在"百"字章中的另一与实写款题《柏柿如意》情形相反的两个画例,是清代画家陈鸿寿与近代画家王震(1867—1938)的《百事如意》,它们也都各自采用了谐写款题这一题写方式。

3. 实写与谐写混合款题

实写与谐写混合款题,简称"实谐款题,即"实写+谐写"款题,指的是实写款题与谐写款题并存于同一个款题中。这种形式的款题一般较少见到。比如,杨柳青的年画《莲年有馀》就是这一实例。款题中的"莲年"属实写款题,"有馀"则属谐写款题;"莲年有馀"的实际语义为"连年有馀",意思是"愿生活的每一年都富富有余"。

如是说,实写与谐写混合款题从词语搭配上看,明显不符合汉语

22

连年有馀

语言表达的正常逻辑,"莲年"的组词显然词不达意,但是,如果从谐音字画角度来解读,借助"莲花"的"莲"lián与"连续"的"连"lián之间的谐音关联,便可得出"一年又一年"的"连年"一词。

像这样的"实写+谐写"款题,在谐音字画中还可例举以下词语:

"实写+谐写"款题	实际语义
一鹭荣华	一路荣华
一鹭荣华到白头	一路荣华到白头
受天百鹿	受天百禄
柏喜图	百喜图
红叶长寿	宏业长寿

4. 谜语款题

谜语款题,是在谐音作品上题写了一个谜语,但并未给出谜底,观

四季平安

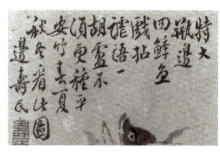
字样放大

者需要借助画面上的谐音图像来破解谜底。破解出来的谜底,即是该作品想要表达的画意。

例如,清代画家边寿民(1684—1752)在他的《四季平安》谐音作品上题有这样一个谜语:"特大瓶边四鲫鱼,戏拈谑语一胡卢。不须更种平安竹,春夏秋冬看此图。"破解这一谜语的重要依据,需要先辨认出画面上的三个谐音图像:"鲫鱼"、"瓶子"和"安放",借助"谐音对字"的转换机制,得出"鲫鱼"的"鲫"jì与"季节"的"季"jì为一对谐音字,"四条鲫鱼"即为"四季";"瓶子"的"瓶"píng与"平安"的"平"píng为一对谐音字,"四条鲫鱼安放在瓶边"的"安放"引出"安"字,组成"平安"一词,从而得出词语"四季平安"。这里的"四季",即是谜语中"春夏秋冬"这四个季节。也就是说,"四季平安"既是这一谜语的谜底,也是该画作想要传递的"祝愿人们一年四季都平平安安"的画意。

5. 省略谐音字的款题

省略谐音字的款题,属很特殊的款题类型。它的特点是在谐音作品的款题中,根本看不到任何与谐音图像有关的谐音字字样,但解读该类作品时又必须借托谐音方式,来找到与画面上的谐音图像有对应关系的谐音字。这样的款题，称做省略谐音字的款题。

例如，清代画家沈铨（1682—1760）的画作《开泰图》，作品款题上只写有"开泰图"的字样，但画面上却描绘着三只羊的图像，借助"谐音对字"的转换机制，可以发现："羊"yáng与"阴阳"的"阳"yáng为一对谐音字，"三羊"即为"三阳"，从而可得出词语"三阳开泰"[1]。"三阳"在这里，就是"三阳开泰"这一款题中被省略掉的谐音字。

开泰图

---

[1] "三阳开泰"的寓意是："当春回大地时，万物开始出现蓬勃向上的吉祥生机。"其中"开泰"，取自《周易》六十四卦中的泰卦，这一卦即指农历正月。中国古人认为，自然界的四季变化都是因为阴阳的变化。由于农历十一月阴气开始收敛阳气开始上升，所以，称农历十一月为"一阳生"，十二月就是"二阳生"，正月一月便成了"三阳生"；又由于正月一月在六十四卦中属吉卦（即泰卦），所以得名"三阳开泰"。

二、隐形款题

隐形款题,通常是指未将款题直接题写在作品上,谐音作品上看不到任何形式的款题字样。

这类款题由于在谐音作品上看不到踪影,观者在解读时,主要依据不同时代广为流传"约定俗成"的谐音联想,这种情形,多见于传统吉祥图案、年画以及具有装饰功能的多维立体谐音作品中。正如"石头上站着一只大鸡"的图像模式,按照"约定俗成"的谐音联想,可通解为"室上大吉";"莲花"和"鱼"的图像组合,可以谐音出"连年有馀";"戟"与"磬"的图像组合,可以谐音出"吉庆"。这种看"鸡"知"吉"意、看"鱼"得"余"意、看"戟磬"想"吉庆"的谐音联想方式,需要观者脑中起码储存一定的汉语词汇量,以及一些相关的谐音常识与汉民族的文化习俗。

在"福"字章中,作品《三多》就属隐形款题,它的实际语义为"多福、多寿、多男子"。那么,这一"幸福、长寿、男孩子"的语义又是如何得以传递的呢?细看这幅作品的构图,有这样三个图像:"佛手"、"蟠桃"和"露出石榴籽的石榴",借助"谐音对字"的转换机制,可以发现:"佛"fó与"福"fú、"石榴籽"的"籽"zǐ与"男孩子"的"子"zǐ各为一对谐音字;"蟠桃",在中华语境中具有"长寿"之意,因此,"祝愿幸福、长寿以及子孙万代"的"三多"画意便得以完成。

以上即为谐音字画款题形式中存有的两大类别:显形款题与隐形款题。

第四章
谐音字画的两种表达方式

在前三章中,我们谈论了何谓谐音字画、谐音字与谐音图像的归类以及款题种类的划分,这样看来,谐音字画好像五花八门、千姿百态。然而,实际上,它的展现方式只可归纳出两种:一种是以字为中心的"一字多图"法,另一种是以图为中心的"一图多字"法。

一、"一字多图"法

"一字多图"法,是指针对同一个谐音字,在各自不同的谐音作品中,利用不同的谐音图像进行分别展现。

例如,在下编"吉"字章中,针对谐音字"吉",下述谐音作品利用了不同的谐音图像来与之呼应:画家李鱓(1686—1762)《百事大吉》选用的名称谐音图像是"鸡";丁辅之(1879—1949)《大吉》选用的名称谐音图像是"橘子";传统谐音图案《吉庆如意》选用的名称谐音图像是古代兵器"戟";包楷(1736—1820)的《吉庆图》选用的动作谐音图像是"敲击"的"击";传统谐音图案《吉祥如意》选用的动作谐音图像是"骑象"的"骑"。

这种围绕同一个谐音字"吉"jí,利用"鸡"jī、"橘子"jú、"戟"jǐ、"击"jī和"骑"qí这些不同的谐音图像,演绎与表达画意的方式,称做"一字多图"法。如下列图示:

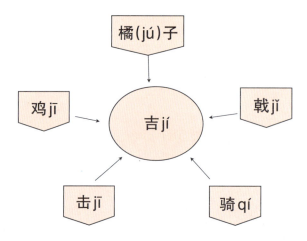

本书下编选用的十个高频谐音汉字,在每一章的编排方式上,就是采用了这种"一字多图"的表达方式。

二、"一图多字"法

"一图多字"法,是指利用同一个谐音图像,在各自不同的谐音作品中,表达语义完全不同的谐音字。

例如,下述谐音作品中的画家们均选用了"柿子"这一谐音图像,来分别表达各自作品中的不同谐音字:画家齐白石(1864—1957)《百世多吉》中的谐音字"世";王震(1867—1938)《百事如意》中的谐音字"事";于非闇(1887—1959)《四时双喜图》中的谐音字"时";张大千(1899—1983)《利市三倍》中的谐音字"市";王雪涛(1903—1982)《是佛图》中的谐音字"是";黄苗子(1913—2012)《雅士图》中的谐音字"士"。

第四章 谐音字画的两种表达方式

这种利用同一个谐音图像"柿子"shì,来分别表达不同谐音字"世"shì、"事"shì、"时"shí、"市"shì、"是"shì、"士"shì的方式,称做"一图多字"法。如下列图示:

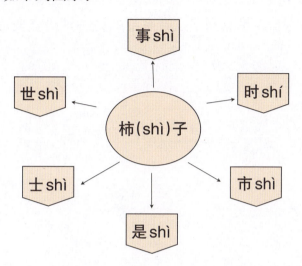

归纳出谐音字画"一字多图"与"一图多字"的这两种表达方式,可以让我们清楚地看到:谐音字画在整个创作过程中,创作者们的目光始终锁定在谐音图像与谐音字这两个目标之间的谐音关系上。无论采用同一个谐音图像对应不同的谐音字,还是采用不同的谐音图像来对应同一个谐音字,它们的视点均落在了"图"与"字"的谐音关系上。

进言之,无论谐音字画的展现方式是以字为中心的"一字多图"法,还是以图为中心的"一图多字"法,"图"与"字"之间的谐音关系,归到底,都是"字"与"字"之间的谐音关系。这里的"图",最终也是落在了图像名称的具体"字"上。"谐音字"在谐音字画的意义表达中,明显占据着主导地位,借助汉字强大的构词能力,进而完成了一幅幅谐音作品的创作与画意传递。因此,从根本上说,"谐音字"是谐音字画创作的活水源头。这种以谐音字为核心的创作思路,可以说,不仅激活了谐音字画自身领域在创作源泉上的一大因子,而且还使得谐音字画具有了区分其他画科类别的文化特质,更使得它成为了一门汇集中国语言文字的独特艺术——谐音艺术。

从这一意义上讲,或许谐音字画的表达方式还有力地印证了现代语言学之父索绪尔对中国汉字特征的一大认知:在汉民族的语言使用中,文字的书写意义是有别于发音系统的另一种语言表达。[1]

---

[1] 原文为:"对汉人来说,表意字和口说的词都是观念的符号;在他们看来,文字就是第二语言。"[瑞士]费尔迪南·德·索绪尔,高名凯译(1980)《普通语言学教程》,北京:商务印书馆,第51页。

第五章
解读谐音字画的基本步骤

谐音字画，又称字画谐音，它最与众不同的特点就是"图"与"字"之间存有谐音关系。正是借用谐音关系，使得这门集中国语言、文化、绘画以及工艺美术于一身的视觉艺术，与其他艺术门类发生了最本质上的区别。正确掌握解读谐音字画的基本步骤，将有助于观者准确而迅捷地理解谐音字画欲要传递的真正内涵。通常，我们把解读谐音字画的基本步骤概括为："读图"、"谐音对字"与"达意"三个步骤。

一、读 图

读图，是指在观看谐音作品中的各种图像时，借助图像的名称与读音，正确地辨认出具有功能意义的谐音图像，这是解读谐音字画的第一步，也是最基本的一步。

例如，谐音作品《百事大吉》(见"吉"字章)，通过观看款题上的文字与画面上的图像，可以辨认出："柏树"、"石头"和"鸡"是三个名称谐音图像，确认这三个具有功能意义的谐音图像，其目的是为下一步完成不同语义的谐音对字转换而做好铺垫。

读图,并且能够指认出具有功能意义的各种图像名称,需要读者能准确地辨识出作品中所描绘的事物名称,也就是作品中与谐音字有关联的每一个谐音图像的名称,这是确保迈向正确解读谐音作品的首要一步。在这一解读步骤中,假若出现辨识与指认上的失误,便会造成指鹿为马、啼笑皆非的误指误认现象。

国画大师齐白石于1952年创作的《百世多吉》谐音作品,从画面构图中,我们可以看到一篮子"柿子"和一篮子"橘子"的图像。借用"谐音对字"的转换机制,可以辨认出"柿子"的"柿"shì与"世纪"的"世"shì为一对谐音字,引出"百世"一词;"橘子"的"橘"jú与"吉祥"的"吉"jí为一对谐音字,引出"多吉"一词。然而,这里的谐音图像"橘子"在某一拍卖会的目录中却被描述成:"左后侧的篮里篮外,共有六个红

百世多吉

苹果，……与象征吉祥平安的六个红苹果，谐音取意'百世多吉'"[1]。显然，这里误将图像"橘子"当成了"苹果"，并由此发出了"六个红苹果"为"多吉"的错误信息。

二、谐音对字

谐音对字，是指在读懂并辨认出各种谐音图像的基础上，再根据各种谐音图像的名称读音，借助这条声音的线索，去对应款题上的谐音字，进而完成"图"与"字"之间的谐音转换。

辨认出上述《百事大吉》画作中的三个名称谐音图像为"柏树"、"石头"和"鸡"后，就应该通过谐音这条线索，去进一步确认它们与款题上的谐音字之间的对应关系，完成"柏"bǎi与"百"bǎi、"石"shí与"事"shì、"鸡"jī与"吉"jí这些不同语义的谐音字转换，为下一步理解画意而做好准备。

在"谐音对字"这一步骤中，观者不但需要具有汉语语音上的基本常识，而且还需要掌握一定的汉语词汇量，这样，才能将"图"与"字"之间的谐音转换灵活地对应成功，否则便可能只知其一、不知其二三。比如，上述第四章列举的"柿子"图像，如果缺少了"柿"shì与"世"shì、"事"shì、"时"shí、"市"shì、"是"shì、"士"shì这样一组汉字之间的谐音联想，很难想象如何理解"百世多吉"、"百事如意"、"四时双喜""利市三倍"、"是佛"、"雅士"这些作品的词语构建与意义传递。

"谐音对字"这一转换步骤的关键，就是要抓住"图"与"字"之间的谐音对应问题。假若未能成功地完成由图像上的"字"转换到画意上

---

[1] 详见北京诚轩2007秋季拍卖会中国书画(一)目录，北京诚轩拍卖有限公司，图号494。这里，我指认这幅作品中的谐音图像是"橘子"的理由有二：一，是从作品款题中含谐音字"吉"的对应关系上；二，是以画家本人创作的"多吉"系列题材为依据，比如"世世多吉"、"老少多吉"、"高迁多吉"等作品，选用的都是"橘子"这一图像。

的"字"这一谐音过程,便会对作品只做出表象化的解读,让观者无法理解图像背后所隐含的真正寓意。

例如《福运》这幅谐音作品,画面构图可见"蝙蝠"与"云朵"这两个谐音图像。"谐音对字"就是要将谐音图像"蝙蝠"的"蝠"fú与"幸福"的"福"fú、"云朵"的"云"yún与"运气"的"运"yùn进行谐音转换,转换出来的两个谐音字再组成词语"福运",得出"祝君幸福好运"的画意。可是,在某拍卖会的目录上,对"福运"的英汉解释却是:"decorated inside and out with iron-red bats flitting amidst multi-colored clouds",中文标写"粉彩云蝠大盘"[1]。显然,"云蝠"是未完成谐音转换的表象描述,它无法表达出作者借助"蝙蝠"与"云朵"这两个图像,欲要传递的祈盼幸福好运的"福运"之意。这里遗漏的,正是"谐音对字"的第二个步骤。

福运

---

[1] 清光绪年制的粉彩大盘,属传统谐音图案,选自 Christie's Singapore The Yangzhi Tang Collection of Imperial Porcelain of the Late Qing Dynasty, 30 March 1997, Item 285。

第五章　解读谐音字画的基本步骤

三、达　意

达意,是解读谐音字画的最后一步,也是最具文化意趣的一步。达意是在正确读图、谐音对字的基础上进行的,为的是进一步理解整幅谐音作品所要传达的信息与文化意义。

例如,谐音作品《百事大吉》、《吉利万千》、《大吉大利》、《吉庆》、《吉庆如意》、《吉庆有余》(见"吉"字章),虽然它们选用的谐音图像各异,但要传达的整体画意均与"吉祥文化"有关;谐音作品《百禄》和《受天百禄》(见"百"字章),它们想要表达的画意,则与传统文化中的"俸禄制度"有关,传递的是俸禄制度下的臣民们渴望富庶受惠的理想;谐音作品《一路富贵》、《一路荣华》和《一路连科》(见"路"字章),显然与中国儒家"万般皆下品,唯有读书高"的"仕途文化"有关;谐音作品《安居》、《安居延寿》、《安乐延年》(见"安"字章),则充分体现出华夏民族自古以来追求康乐民安的"安居文化"。

以谐音作品《安居》为例,借助画面上的鹌鹑与菊花这两个谐音图像,按照"读图"与"谐音对字"的步骤进行解读,很快就可以完成从"鹌鹑"的"鹌"ān向"安定、安全"的"安"ān、从"菊花"的"菊"jú向"居住"的"居"jū的谐音转换,最终走向"愿人们安全的居住与安定的生活"这一"安居"画意的第三个步骤。可是,如果我们未能成功地走向这第三个步骤,其结果又会怎样呢?

在一本英文书中,关于《安居》这一作品,有这样的"画意"描述:画面是由"菊花"与"鹌鹑"构成,其中,"菊花"的"菊"ju与"鹌鹑"的"鹌"an为谐音关系,意思是"秋安"(原文为:"The combination of chrysanthemum flowers, or ju, with quail, or an, creates a homophone for the

35

安居

phrase 'autumn peace'".)[1]。这里,作者显然未能成功地完成谐音字画"达意"这第三个步骤的解读,即无法合理地诠释出"愿人们安全的居住与安定的生活"这一"安居"画意。

  应该说,"达意"是解读谐音字画的最终目的。解读一幅谐音作品,如果我们只完成了"读图"和"谐音对字"前两个步骤,却不能给出最终的画意表达,实际上,也就失去了谐音字画本身存有的社会价值与文化意义。谐音字画的高妙之处就在于它借助字图之间的谐音联想,最终与中华民族某种积极的文化理念相联,传达出不同时代背景下作者的思想与情感、理想与希冀。由于谐音字画总是"与中华民族自身的文化因素紧密相联",所以,这里的"达意",不是观者自行任意的"达意",而是要达中国文化之意,中国文化才是谐音字画最终的表达主旨。中国文化的气质可谓雅俗共赏,谐音字画恰好也具备了这种

---

1 详见(1995)The Taft Museum, *Chinese Ceramics and Works of Art*, Hudson Hills Press, New York, p.677.

第五章 解读谐音字画的基本步骤

气质,它们同质相求,一拍即合。因此,从某种意义上讲,"谐音字画"是为雅俗共赏的中国文化而生,是宣扬与传播中国文化的最好载体与媒介。

由上而得,"读图"、"谐音对字"、"达意"是正确解读谐音字画的三个基本步骤。它们先后有序,丝丝入扣,步步为营,缺一不可,任何一个步骤的缺无闪失甚或误判,都将难以体会蕴含在谐音字画中"含而不露"、"看似此,实指彼"的谐音妙趣与文化寓意。

二十世纪美国图像学大师潘诺夫斯基(1892—1968)在《图像学研究》(*Studies in Iconology*)一书,提出过图像研究的"三层次"思路,它们是:(一)图像志描述,目的是辨识图像中的自然物象(原文:primary or natural subject matter);(二)图像志分析,目的是辨识图像所表现的是哪个传统主题(原文:secondary or conventional subject matter);(三)图像志阐释,目的是阐发图像所反映的社会意识形态和艺术家的观念(原文:intrinsic meaning or content)[1]。这一研究思路,从整体上说,同样也适用于谐音字画"读图"、"谐音对字"、"达意"这三个步骤的解读。

---

[1] Erwin Panofsky(1972) *Studies in Iconology*, Icon Editions, Harper & Row, Publishers, New York, Hagerstown, San Francisco, London, pp.5-8. 这三个层次的中文释义出自倪亦斌先生的译文。

第六章

谐音字画"音"、"象"、"意"的特征

现在,我们来谈谈有关谐音字画本身所具有的三个特征,概括起来,就是"音"、"象"、"意"的特征。可以说,抓住了谐音字画这三个特征,就抓住了谐音字画最核心的本质问题。

一、"音"的特征

所谓"音",就是"谐音"。在上述第二章中我们说过:中国谐音字画的两大要素是"谐音图像"和"谐音字",二者之间发生的关联,归根到底是"谐音"的联系。例如,自然界的动物名称"鹿",它既在谐音作品《一路富贵》中与款题中的"路"字形成了一对谐音关系,也在谐音作品《受天百禄》中与款题中的"禄"字形成了一对谐音关系。"鹿"lù与"路"lù、"禄"lù之间的语音衔接靠的是谐音,是lù这种语音完成了它们之间不同语义的汉字转换。由动物名称"鹿"的读音,引发对汉字"路"与"禄"的语义联想,这一过程,具有着明显的谐音性,这就是谐音字画"音"的特征。

分析谐音字画中的每一幅谐音作品,无论它们采用"一字多图"还

第六章 谐音字画"音"、"象"、"意"的特征

是"一图多字"的呈现方式,"图"与"字"之间归到底是"字"与"字"之间的谐音关系,即从"A"字到"B"字的谐音转换关系。所谓的"A"字,是指谐音图像名称中的某一汉字;所谓的"B"字,是指款题中的某一汉字,即作品本身欲要表达的文字。"A"字到"B"字的语义转换,总是借助着谐音,二者之间必呈对应的谐音关系。

二、"象"的特征

所谓"象",是指谐音作品中"具象"与"抽象"交融共生的现象。这种现象,是由"具象"的物与"抽象"的字共同构成的。

这里的具象,指的是可见的、具体的、被展现在作品中的一个个具有指向功能的物象,即我们书中所说的"谐音图像",简称"图";这里的抽象,指的是由谐音字表达出来的抽象概念,即款题上的"谐音字",简称"字"。在谐音作品中,具象的谐音图像与抽象的谐音字之间彼此呼应、相互共生,呈现出的是"图"与"字"交融后的"象"。这种交融共生的现象,就是谐音字画"象"的特征。

1. 抽象的"字"与具象的"图"

谐音字在谐音作品的款题中,通常用于表达具有抽象意义的概念,所以,谐音字在谐音字画"象"的特征中代表"抽象"一方,叫抽象的"字";谐音图像则是指一个个很具体的物象,它在谐音字画"象"的特征中代表"具象"一方,叫具象的"图"。

例如谐音字"吉",用于表达凡事顺心、如意与美满,毕竟"顺心、如意与美满"是很抽象的感觉,太难具象化。那么,如何将"吉"这个抽象的谐音字用生动形象的图像来表现呢?谐音字画恰好提供了这样一个谐音转换平台,在这个平台上,抽象的"吉"可以借着它的读音 jí,去

寻找另外一些与jí音相同或相近的物象,而这些物象又都是可以用具象的"图"来呈现的,比如家禽"鸡"、古代兵器"戟"、水果"橘子"等,它们的形象都是可以具体画出来的。借助这些物象的名称读音,在谐音转换平台上,就可以完成从具象"鸡"、"戟"、"橘子"到抽象"吉"的转换。由此,可以说,在谐音作品中,抽象的"字"一定是通过具象的"图"来表达完成的。

由于谐音图像对每一幅谐音作品款题中的谐音字有着具体的指向功能,所以,谐音图像在谐音字画"象"的特征中代表着"具象";而谐音字对每一幅谐音作品而言,则是揭示其内涵与意义的关键,它显然已经超越了谐音图像所表达的具体物象,只是需要借着这个物象的名称读音,而将作品的视点引领到更为深远、丰富与抽象的字义表达上,所以,谐音字在谐音字画"象"的特征中代表着"抽象"。

2. 抽象与具象的谐音关系

汉语"字"与"字"的谐音现象本属偶然,谐音字在字义上并无必然的联系,然而,在谐音字画中,恰是谐音这条无形的纽带,使得"具象"的图与"抽象"的字之间产生了自然而有趣的关联。上述"鸡"、"戟"、"橘"这些谐音图像,在提供了ji/ju的声音线索后,似乎都已退居二线,此时,观者的目光已经顺着ji/ju这条"音"的线索,瞄定到另外一个发出类似jí音却承载着不同语义与文化内涵的"吉"字身上,这种转换似大雪无痕自然天成,使得具有抽象意义的"吉"字,通过这些具体的"鸡"、"戟"、"橘"图像,得以生动而自然地展现。

在此,抽象的谐音字与具象的谐音图像之间的关系显示出明显的双向性:或者,是从抽象的谐音字到具象的谐音图像;或者,是从具象的谐音图像到抽象的谐音字。如果从创作者的角度来看,应该是从抽象的"字"到具象的"图"这一过程。作者在进行创作时,首先要考虑的是谐音字,对谐音字的思考与挑选才是谐音字画创作的活水源头。所以,这一创作过程的顺序应该是:从谐音字入手,再借着谐音字的读音,去寻找可以具象化的、与之匹配的谐音图像,最后通过各种表达形式加以呈现。如果从观者的角度来看,这个过程则正好相反,应该是从具象的"图"到抽象的"字"这一过程。因为在观赏谐音字画时,最先入眼的是一幅幅生动而具体的谐音图像,观者通过赏图吟音来完成向款题中谐音字转换的过程,最后再结合已有的汉语词汇知识以及谐音和文化常识,来解读作者创作这幅谐音作品的真正意图。

以"吉"、"福"、"喜"、"利"、"安"、"清"、"仙"、"路"、"年"、"百"这十个高频谐音字以及它们的谐音作品为例,让我们一起来看看抽象与具象在这里的具体谐音关系吧:从作者的创作角度来看,它们一定是从抽象的"吉"字到具象的"鸡"图像、从抽象的"福"字到具象的"蝙蝠"图像、从抽象的"喜"字到具象的"喜鹊"图像、从抽象的"利"字到具象的"鲤鱼"图像、从抽象的"安"字到具象的"鹌鹑"图像、从抽象的"清"字到具象的"蜻蜓"图像、从抽象的"仙"字到具象的"水仙花"图像、从抽象的"路"字到具象的"鹿"图像、从抽象的"年"字到具象的"鲇鱼"图像、从抽象的"百"字到具象的"柏树"图像;反过来,从观者的角度出发,这一过程则是从具象的"鸡"图像到抽象的"吉"字、从具象的"蝙蝠"图像到抽象的"福"字、从具象的"喜鹊"图像到抽象的"喜"字、从具象的"鲤鱼"图像到抽象的"利"字、从具象的"鹌鹑"图像到抽象的"安"字、从具象的"蜻蜓"图像到抽象的"清"字、从具象的"水仙花"图像到抽象的"仙"字、从具象的"鲇鱼"图像到抽象的"年"字、从具象的"柏树"图像到抽象的"百"字。

概言之,在谐音字画这个谐音转换平台上,"字"与"图"之间的关系具有着明显的双向性。这一双向性特点,使得"字"与"图"之间,不仅可以完成从抽象到具象的图像转换,而且还可以完成从具象回到抽象的字义转换。"抽象"与"具象"在这个平台上穿梭往来、自由切换、彼此呼应、紧密相联,共同呈现出谐音字画这一"象"的特征。

三、"意"的特征

所谓"意",指的是作者创作谐音作品的"意图",也就是说,作品最终想要反映的社会意识形态以及作者本人的思想观念。谐音字画的"意"与中国文化密切相关,中国文化才是谐音字画要表达的核心主旨,丰富的文化内涵应是谐音字画"意"的特征。

那么,文化这一概念到底包括哪些方面的内容呢?吕必松先生在《汉语与汉语作为第二语言教学》一书中,列举了美国文化学者定义过的一句话:"文化是一种复杂体,它包括实物、知识、信仰、艺术、道德、法律、风俗以及其余社会上习得的能力与习惯。"[1]概括说来,谐音字画就是这一文化体的具体表现形式。与其他艺术形式一样,中国的谐音字画深受不同时代的社会风尚、宗教信仰、文化习俗以及意识形态的影响,其内容与形式均打上了鲜明的历史、时代与民族的烙印,充分体现出它在艺术创作上起到的"成教化,助人伦"的社会宣教功能。

总体上说,本书下编列举的含谐音字"吉"的谐音作品,传达的都是中华民族长久颂扬的"吉祥文化";含谐音字"利"的谐音作品,传达的则是渴望得利获利的"趋利文化";含谐音字"路"的谐音作品,传达的又是与中国儒家"万般皆下品,唯有读书高"有关的"仕途文化",这些都是谐音字画"意"的文化特征。

综上所述,谐音图像与谐音字之间的联系仰仗的是"音",即谐音,"音"在此犹如一位隐身的使者,穿针引线于谐音字画的创作与欣赏过程中;正是借助无形的"音",谐音字画才能完成通过具象谐音图像诠

---

[1] 吕必松(2007)《汉语和汉语作为第二语言教学》,北京:北京大学出版社,第45页。

释抽象谐音字的任务,使字图交融后描绘出"象",这"象"应属谐音字画的外显部分;也正是借助了这有声的"音"和外显的"象",谐音作品才得以传递出那富含中国文化内涵的"意",使谐音字画"意"的特征变得越发诙谐风趣、别出心裁。可以说,在这三个特征关系中,谐音字画的"音"是整个谐音字画的灵魂,它像一位灵动而轻盈的隐身使者,在"象"与"意"之间自由穿梭,编织出一幅幅趣妙生动的谐音画境。

抓住谐音字画"音"、"象"、"意"的三大特征,将有助于我们理解谐音字画中内含的"意"与外显的"象"之间的微妙关系,使得我们能够透过外显的现象抓住内含的本质,更深刻地体会谐音字画所背负的中华文化之博大精深。

"音"、"象"、"意"三大特征的关联图:

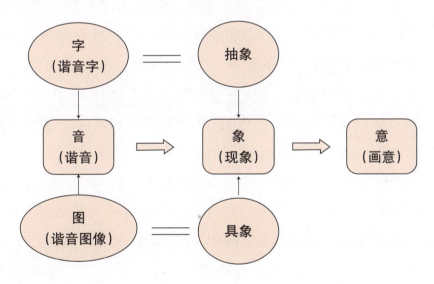

第七章
谐音字画引入汉语二语教学

众所周知,汉语是世界上语音优美、字形独特、内涵丰富的语言之一。从本质上讲,汉字就是一个个变形的图画,尽管历经千百年来的演化,已被抽象表现于由横竖撇折搭成的方块字中,但仔细辨识,依旧可以看出始源于那张图画的影子。比如,中国古代的打击乐器"磬",从甲骨文的字形结构来看,就是手持棒槌敲击悬挂的石磬图形。这种石头因被敲击而发出音乐的声响,从而具有了乐器的功能,成为了"磬"。汉字,正是因为它的趣味图形以及所承载的文化特性与世界上的其他语种截然不同,汉语的学习者与教授者,多年来,才一直渴望并不断地探索如何能借助更直观的方法,去体味、学习与传播这种语言。

无独有偶,在中国的谐音字画中,有关"吉庆"词语的表达,有趣的是,也能看到"磬"本义的这一原始图形:"手持棒槌敲击悬挂的磬"。画家黄慎(1687—1768?)和包楷(1736—1820)的《吉庆图》画作(见"吉"字章),他们选用的图像模式共同特征是:手持棒槌的人物,正欲敲击悬挂的磬。这里,借用"敲击"的"击"jī与"吉祥"的"吉"jí、磬"qìng 与"庆贺"的"庆"qìng 这各一对的谐音字,表达出与"吉祥文化"有关的"祝君吉祥好运"的"吉庆"二字。

由此可言,谐音字画本身所具有的这种音画性、文化性与趣味性,恰好为汉语言学习者提供了一个别出心裁的认识汉字、了解汉语的教学语境。将谐音字画引入汉语二语教学中,不仅可以使语言的学习过程变得赏心悦目、妙趣横生,而且还可以将中华文化的博大精深,点点滴滴地浸入进学习者的心田,成为一种融语言与文化于一体、寓教于乐的汉语学习新方法。

谐音字画在汉语二语教学中至少可以提供以下三个方面的帮助:

一、可以激发学习者对汉语"谐音现象"的兴趣与好奇

当我们给初级汉语水平的学生做听写训练时,tā de huà这一短语,在没有任何语境提示下,听到这一组声音的学生起码能写出这样的六组词语:他的话／她的话／它的话／他的画／她的画／它的画。无疑,从复制与模拟声音的角度看,这些答案都不能算错。那么,是什么造成了这六组不同语义的词语现象呢?这应归结于汉语的"谐音现象"。

一个汉字通常只有一个音节[1]。汉语的音节构成包括四声在内只有一千三百多个;而汉字的数量,《中华字海》收录的单字就超过八万五千个。于是,汉语在实际使用中便出现了这样一个语言事实:用有限的一千三百多个音节,去面对八万五千多个汉字,也就是说,同一个音节,甚至同一个音节的同一个声调,要同时承担起无数个异形异义的汉字读音。比如,单音节ji,包括四声在内,在2004年《新华字典》彩色版,就列有异形异义的一百三十三个汉字;仅第二声调jí,就列有异形异义的三十二个汉字。显然,由于汉语的有限音节与实际存在的庞大汉字数目间的不均等关系,造成了汉语"谐音字多"的语言事实。

---

1 黄伯荣、廖序东(1991)《现代汉语》上册,北京高等教育出版社,第28页。

谐音"画"汉字

如此说，上述"他的话／她的话／它的话／他的画／她的画／它的画"这六组听写时出现的词语，就是汉语"谐音字多"的现象所造成的，它给学习者尤其是刚刚入门的初学者，带来了汉字记忆上的混淆与张冠李戴的书写错误，甚至让学习者产生"汉语难学"的畏惧感。这在汉语二语学习中，被称做中途放弃的"可变性"学习特征[1]。

然而，中国的各派名家画师们，却恰恰利用了汉语"谐音字多"的这一语言事实，反过来，创作出了如此丰富多彩趣味盎然的谐音作品。由于"图"与"字"之间的连接转换靠的是"谐音"，使谐音字画具有了独特的音画特性。若将这一音画特性引进语言教学中，不仅从教学形式上令人新奇，而且还可以从正面引发学习者对"谐音现象"产生兴趣。

比如，在第四章"一字多图"的画例中，一个谐音字"吉"，至少可以与五个谐音图像"鸡"、"橘"、"戟"、"击"、"骑"建立起字图关联网；在"一图多字"的画例中，一个谐音图像"柿子"，至少可以与六个不同的谐音字"世"、"事"、"时"、"市"、"是"、"士"建立起图字关联网。这种由谐音引发的字图或图字关联网，不仅可以让学习者一目了然地明白不同语义的汉字，是如何因谐音而在实际语言应用中发生有趣的关联，而且还可以在学习者心目中即刻建立起一个系统化的谐音关联网，使看似繁杂的汉语"谐音现象"变得简单而直观起来。这种依靠语音联想与图像创作的艺术形式，可谓给语言学习提供了一个全新的音画平台。在这个平台上，学习者可以在视觉享受的同时，展开对汉字谐音自由丰富的语义联想，使学习者从谐音字画角度，产生对汉语"谐音现象"的兴趣与好奇。

---

[1] 吕必松(1996)《对外汉语教学概论》(讲义)，教育部汉语作为外语教学能力认定工作委员会办公室，第45页。

二、可以提供"网联式"快捷便利的学习新途径

对于语言学习者而言,不仅要学习构成这种语言的基本规则与内容,而且还要在不断的实践中,提高对语言的实际应用能力。在这一教与学的过程中,"趣味性教学"历来是二语教学所强调的基本原则之一。若将"风趣诙谐、寓教于乐"的谐音字画恰好地导入进教学中,可以帮助学习者对汉语词语尤其是书面语的新认识,加强理解汉语字词的组建规律,使学习者的语言实践能力在赏画吟音的过程中获得"一举多得"的提升。关于这一点,可以从以下三个方面来谈。

1. 融会贯通的"一举多得"

前面说过,谐音字画是由"谐音图像"与"谐音字"这两大要素构成。要想了解一幅谐音作品的画意表达,首先必须学会"读图",这里的"图"指的是"谐音图像"。本书列举的十个高频谐音字,每章都会先向读者展示一个字图谐音关联网,表明一个汉字与它的几个"谐音图像"之间的谐音关联。比如,"福"字章中的谐音字"福",在谐音作品中至少涉及了"蝙蝠"、"佛手"、"芙蓉花"和"富贵花"这四个相关的谐音图像。当学习者借助谐音字画了解汉字"福"时,很自然,就要了解"蝙蝠"、"佛手"、"芙蓉花"与"富贵花"这四个谐音图像的名称与基本常识;还要了解这些图像所带来的文化意象与语意功能;之后,再通过这些图像所涉及的谐音作品,来了解与"福"字有关的字词组建、歇后语、诗句以及成语典故等语言点与文化知识。

这种由真实的"图"引发的学习方式,不但可以与自然界的花草树木鸟鱼虫兽直接建立起生动的关联,而且在"从音入手、以字带词、由图引文、融入文化"的原则引导下,可以与各种语言点、文化点建立起灵活的关联。借助这种"图"、"字"相结合的呈现手段,可使词语学习

的视野变得自由而开放、融会而贯通起来,从而让学习者获得"一举多得"的学习效果。

2. 对汉语字词组建的直观了解

"以字带词"的汉语教学,是目前汉语教学界认可的方法之一,也是提高学习者学习词语的有效途径。

通常,每幅谐音作品所传达的画意,都是借助"图"与"字"之间的谐音关系加以完成的。谐音字画"一字多图"与"一图多字"的表达方式已经告诉我们:借助同一个谐音字或同一个谐音图像,可以同时衍生出各种不同语义的词语构建。

以谐音字"吉"为例,在谐音字画中保守地说,至少存有五六十种词语款题。现在,就让我们通过下面这个表格,一起来看看由"吉"字引发的二字格和四字格的谐音款题:

	二字格	四字格	二字格	四字格
吉	大吉	百事大吉 万事大吉 事事大吉 年年大吉 新年大吉 新春大吉 富贵大吉 盛世大吉 平安大吉 室上大吉 大吉大利	吉庆	吉庆有馀 吉庆双馀 吉庆如意 吉庆多福 平安吉庆 富贵吉庆 升冠吉庆 福善吉庆
	吉祥	富贵吉祥 福禄吉祥 百事吉祥 盛世吉祥 四季吉祥 吉祥如意 吉祥迎春	吉利	百事吉利 事事吉利 平安吉利 和平吉利 吉利有馀 吉利万千

如果我们将以上这些在中国谐音字画中真实存有的带"吉"字的词语与相关作品,通过"以字带词"的教学理念,逐一向学习者加以展示,学习者便会很自然地通过观察与比较,了解到汉语字词的组建方式,以及组建后的词语是如何在各自作品中进行语义上的表达,从而引发学习者对整个语言学习过程的新认识。这种学习方式,无疑,已经大大超越了对谐音字画本身的欣赏意义,它不仅可以提供认识汉字、了解字词组句的实际帮助,而且还可以使学习者的语言实践能力在赏画吟音的过程中获得有效提升。

3. 熟悉并掌握鲜活的汉语"书面语"

对于汉语二语学习者而言,真正的语言能力的获得,不仅要具备口语的交际能力,同时也要能写会看正式的书面语言,包括在不同时代语境中富含中华文化内涵的书面语。谐音字画,尤其是中国书画中画家自行题写的书面款题,恰好给学习者提供了这样一个学习与熟悉汉语书面语的绝好机会。

所谓书面语是指"现代汉语的正式语体,它不但是用来写的,也是可以说的"[1]。从目前来看,谐音字画存有的六种款题,都属于"书面语"的范畴。在这六种款题种类中,最直接清晰易懂的呈现方式,应属谐写款题。谐写款题,是将谐音作品中谐音图像对应的谐音字直接标写在款题之上,观者只要通过直接吟读款题上的"书面语",就可以理解作品本身想要表达的画意。可喜的是,这类谐写款题在谐音字画中俯拾即是,它为汉语学习者从另一角度认识"书面语"提供了现成而宝贵的学习素材。

---

[1] 冯胜利(2006)《汉语书面语初编》北京:北京语言大学出版社,第3页。

三、可以生动地诠释语言与文化之间的密切关系

任何一种语言均与产生这种语言的文化密切相关。正如美国语言学家萨皮尔曾说过的:"语言的背后是有东西的。并且,语言不能离文化而存在。"[1]在汉语二语教学中,强调的教学原则之一,就是"以语言教学为主,同时紧密结合相关的文化学习"[2]。也就是说,要想让汉语二语学习者真正地掌握并自如得体地运用汉语,必须传授基本的汉民族文化知识,使学习者在学习过程中,充分了解汉语与汉文化之间的密切关联。

那么,如何在语言教学中导入相关的文化知识呢?目前,将文化内容与语言材料结合在一起的"融合教学法"正引起关注,因为这种教学可以使文化与语言知识的学习相互渗透相辅相成,让学习者在了解文化背景的同时,更准确地在真实的语境中运用语言,学到真正富含文化生命的"活"语言。可是,"融合教学法"对文化与语言材料的选择与编排有较高的要求,要求使用者尽量保持语言材料的真实性,同时还要自然地融入与之匹配的文化知识与背景,使得语言与文化的学习相互融合,水到渠成地完成这种"活"语言的教学。可是,遗憾地说,目前"很难在现实教学中找到这样一个用来实现这一融合法的载体"[3]。

可喜的是,中国的谐音字画在此彰显出它的优势。谐音字画"音"、"象"、"意"的三大特征已经告诉我们:借助有声的"音"和外显的"象",谐音作品得以传递出富含中国文化内涵的"意"。以"福"字章中的"平安五福自天来"这一作品为例,它不但借助谐音方式完成了

---

[1] 罗常培著,胡双宝注(2009)《语言与文化》注释本,北京:北京大学出版社,第1页。
[2] 陈宏、吴勇毅(2003)《对外汉语教学理论与语言学科目考试指南》,北京:华语教学出版社,第84页。
[3] 束定芳、庄智象(2009重印)《现代外语教学:理论、实践与方法》,上海:上海外语教育出版社,第133页。

"平安"、"五福"、"自天来"的语义表达,同时,还传递出"平安喜乐"、"人生五福"以及"对天的信仰"这三大与中华传统文化紧密相关的思维观念。这种将语言文字与文化知识相联系,并通过别出心裁的音画方式真实地传达给观者的手段,应该说,恰好是融合教学法的最佳载体。从这一意义上讲,谐音字画的这一艺术载体,正在巧妙地践行着"融合教学法",天然地体现出语言与文化融为一体的教学优势。

总言之,让这样一门集中国语言、文化、绘画以及工艺美术于一身的视觉艺术参与进汉语二语教学中,不仅有利于教授者拓展语言教学的形式,活化语言文字的功能,同时,还可以带领学习者寓教于乐地学习与体会中华文化的多彩风貌,让习得汉语这一过程变成一种与艺术实践相结合的音画享受。

鲁迅先生曾说过:"有地方色彩的,倒容易成为世界的,即为别国所注意"[1]。依此话之理,或许我们还可以这样说:谐音字画,这门语言文字与绘画艺术相结合的谐音艺术,是中华民族集体智慧的创造结晶,是华夏祖先留给世人的宝贵财富,因其鲜明的音画性、文化性与趣味性,必将会被汉语二语学习者喜爱与接受。

在此,衷心祝愿汉语二语学习者能在谐音"画"汉字的世界里,尽享一次赏心悦目的学习之旅。

---

[1] 鲁迅(1881—1936),1934年给青年木刻家陈烟桥的信中,针对中国的木刻创作与发展谈了自己的看法,并提及到了文学问题,他说:"现在的文学也一样,有地方色彩的,倒容易成为世界的,即为别国所注意。打出世界上去,即于中国之活动有利。可惜中国的青年艺术家,大抵不以为然。"参见《鲁迅全集》第12卷(1981年版),北京:人民文学出版社,第391页。

下 编

第一章　百 bǎi

百 小篆　　百 楷体

百，是数目字，既表示数目一百（a hundred），又比喻很多（all kinds of, numerous, various）。

汉语在"祈愿好事多多益善"的思维观念影响下，常冠以"百"字。比如，祝"生命长久"的"百寿"；祝"幸福无限"的"百福"；祝"喜事多多"的"百喜"；祝"吉祥吉利"的"百吉"；祝"享用终生俸禄"的"百禄"；祝"多子多孙"的"百子"这些词语。

从谐音字画看"百"字，常见三种对应的谐音图像："柏树"（或"柏树枝"）、"百合花"和"百合"。其中，"柏树"、"柏树枝"的"柏"bǎi与"一百"的"百"bǎi为同音同调的谐音字；"百合花"和"百合"的"百"与"一百"的"百"，为具有谐音关系的同一个字。由此，名词"柏树"（或"柏树枝"）、"百合花"和"百合"，分别成为了谐音字"百"的名称谐音图像。

字与图的谐音关系,如图所示:

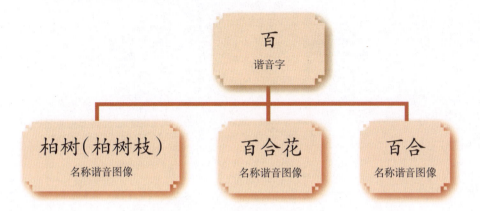

1. 名称谐音图像——柏树 bǎi shù Cypress

　　柏树,是一种常绿乔木,它的叶子呈鳞片状,木质坚硬,是制作家具的上等材料,也可用作药材。柏树因四季常青、冠绿树茂的特性,常被喻为永生、永远。世界各地包括中国在内的很多国家,都有在墓地种植柏树的习俗,以此寄托对死去亲人的永远怀念。

　　汉语"古柏常青"、"岁寒古柏",常用来比喻人的一种宝贵精神。意思是说,在艰难困苦的环境下,品德高尚的人会像千年的古柏那样坚忍执著、高洁不屈。荀子(约前313—前238)曾说过:"岁不寒,无以知松柏;事不难,无以知君子。"[1]此话是将"松柏"与"君子"身上共有的一种高贵顽强的品质加以相联并论。意思是说,没有经历严寒酷暑的考验,无法了解松柏坚忍不移的品性;没有经历复杂艰辛的事件,无法明白君子身上的高贵素养。

　　由"柏树"(或"柏树枝")引出的谐音字"百"之谐音作品,举例如下:

---

[1] 出自《荀子·大略》。荀子(约前313—前238),名况,号卿,战国末期赵国人,中国古代著名的思想家与教育家,对古代唯物主义的发展有所贡献。

(1)"百龄"系列

百龄图

从这幅作品的构图中,我们可以看到柏树与灵芝的谐音图像。其中,"柏树"的"柏"bǎi与"一百岁"的"百"bǎi为同音同调的谐音字;"灵芝"的"灵"líng与"年龄"的"龄"líng为同音同调的谐音字,组成词语"百龄"bǎi líng,意思是"祝君长命百岁"(A blessing for longevity)。

"百龄"在这里意思等同"长寿",同义词还有:"百岁"、"百年"和"百寿"。汉字"龄"除了表示年龄(age, years),还表示年数(length of time, duration),以下这些二字格词语,在谐音字画中,都与"长寿"有关(longevity):

仙龄　xiān líng

遐龄　xiá líng

鹤龄　hè líng

松龄　sōng líng

嵩龄　sōng líng

延龄　yán líng

在这幅作品的构图中，可以看到柏树和灵芝的谐音图像以及牡丹花的象征图像。其中，"柏树"的"柏"bǎi 与"一百岁"的"百"bǎi 为同音同调的谐音字，"灵芝"的"灵"líng 与"年龄"的"龄"líng 为同音同调的谐音字，组成"百龄"；牡丹花象征富贵，又称富贵花，取其"富贵"二字，得出词语"百龄富贵"bǎi líng fùguì，意思是"祝君长命百岁，一生富有尊贵"（A blessing for a long and prosperous life）。

百龄富贵

（2）"百禄"系列

从下页三幅作品的构图中，可以看到一个共同的图像模式：柏树与梅花鹿的谐音图像。其中，"柏树"的"柏"bǎi 与"一百"的"百"bǎi 为同音同调的谐音字；"梅花鹿"的"鹿"lù 与"俸禄"的"禄"lù 为同音同调的谐音字，组成词语"百禄"bǎi lù，意思是"愿君拥有丰厚的俸禄"（May you enjoy a huge salary）。

汉语有"俸禄"、"食禄"、"厚禄"等说法。"禄"指发放的薪水，包括土地、物品、钱币等不同的形式。给各级政府官员发放薪水的制度，在中国的封建朝代称做俸禄制度。由此，"俸禄题材"成为了谐音字画常见的一大传统画题；"鹿"的形象因其语音的联想，而成为传达"禄"意的高频谐音图像。

这里"百禄"的"百"指多（numerous）；在"趋吉"心理的影响下，中

百禄图①

百禄图②

百禄图③

国人对生活中美好的追求与向往，喜用"百"字加以修饰。以下这些二字格词语，是谐音字画中常见的"百"字祝颂语：

百福	bǎi fú	百禄	bǎi lù
百寿	bǎi shòu	百利	bǎi lì
百喜	bǎi xǐ	百馀	bǎi yú
百吉	bǎi jí	百子	bǎi zǐ

受天百禄① 　　　　　　　受天百禄②

谐音"画"汉字

　　从上页两幅作品的构图中,我们可以看到柏树与梅花鹿的谐音图像。其中,"柏树"的"柏"bǎi与"一百"的"百"bǎi为同音同调的谐音字;"鹿"lù与"俸禄"的"禄"lù为同音同调的谐音字,组成词语"受天百禄"shòu tiān bǎi lù,意思是"愿君接受上苍给予的丰厚俸禄"（May you enjoy a huge salary from the Emperor。)

　　"受天百禄"的"天"字,除了指"上天",在中华文化语境中,还特指皇帝手中的皇权。"天命神权"是中国传统文化的一个重要观念。中国历代皇帝的职位,都被看成了是"上天"赋予的使命。所以,皇帝,称做"天子",即"上天的儿子";皇帝履行一国之君的职责,被冠以"天职";接受上天给予的俸禄,实际上,就是接受皇帝给予的恩惠,体现出"苍天在上、遵从天意"的中国式文化信仰。

　　因此,在谐音字画中,"福"、"禄"、"喜"这些与"好事"相联的语素,常见与"天"字搭配使用。比如:

受禄于天　　shòu lù yú tiān

喜自天来　　xǐ zì tiān lái

喜从天降　　xǐ cóng tiān jiàng

福从天降　　fú cóng tiān jiàng

福自天申　　fú zì tiān shēn

天官赐福　　tiān guān cì fú

平安五福自天来　　píng'ān wǔ fú zì tiān lái

（3）"百子"系列

从这幅作品的构图中，我们可以看到柏树、梅花与天竺子的谐音图像。其中，"梅花"的"梅"méi 与"眉毛"的"眉"méi 为同音同调的谐音字，引出"齐眉"，意思是"夫妻双方相敬相爱"；"柏树"的"柏"bǎi 与"一百"的"百"bǎi 为同音同调的谐音字，"天竺子"的"子"与"孩子"的"子"为"一字多义"现象，引出"百子"，意思是"很多孩子"，组成词语"齐眉百子"qí méi bǎi zǐ，意思是"愿君相敬相爱，多子多孙"（May the couples respect each other and have many children）。

汉字"子"指人（person），常见的二字格词语有："孩子、儿子、孙子，男子、女子、才子"等；"齐眉百子"的"百子"，在这里，指"很多孩子"，与中华传统文化"多子多孙"的思想观念密切相关。

齐眉百子图

谐音"画"汉字

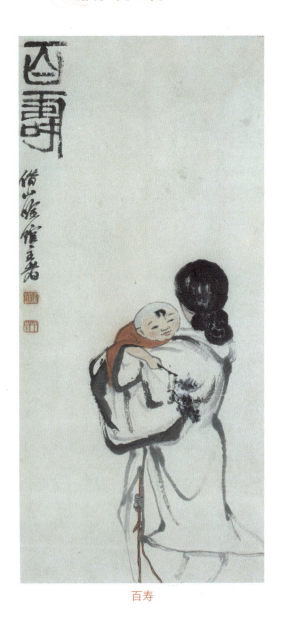

百寿

（4）"百寿"系列

从这幅作品的构图中，我们可以看到孩童右手拿着柏树枝的谐音图像。其中，"柏树枝"的"柏"bǎi与"一百"的"百"bǎi为同音同调的谐音字，组成词语"百寿"bǎi shòu，意思是"祝君健康长寿"（A blessing for longevity）。

"百寿"一词，意思等同"祝寿"，在谐音字画中，还有以下这些相同语义的二字格词语：

拱寿　gǒng shòu

上寿　shàng shòu

庆寿　qìng shòu

益寿　yì shòu

眉寿　méi shòu

高寿　gāo shòu

（5）"百事"系列

从以下两幅作品的构图中，我们可以看到柏树枝、柿子与如意的谐音图像。其中，"柏树枝"的"柏"bǎi与"一百"的"百"bǎi为同音同调的谐音字，"柿子"的"柿"shì与"事情"的"事"shì 为同音同调的谐音字，组成"百事"；器物名称"如意"与"符合心意"的动词"如意"属"一词多义"现象，组成词语"百事如意"bǎi shì rú yì，意思是"愿生活中所有事情都顺心合意"（A blessing for a

百事如意图

柏柿如意

smooth life）。

"如意"是一种器物的名称，它的顶端很像灵芝头的形状，由玉、竹、骨、金银、珠宝等不同材料制成，是明、清两代达官贵人乐于收藏的艺术摆设品。由于"如意"有"合心、顺意"的美好寓意，所以，它成为了中华文化吉祥、顺意的象征。

由"如意"一词组成的祝福用语，在谐音字画中，常见以下这些词语：

百事如意　bǎi shì rú yì

平安如意　píng ān rú yì

万事如意　wàn shì rú yì

吉祥如意　jíxiáng rú yì

事事如意　shì shì rú yì

四季如意　sìjì rú yì

谐音"画"汉字

2. 名称谐音图像——百合花
bǎihéhuā Lily

百合花,是一种多年生草本植物,它的花形呈漏斗状,盛开时犹如舞动的裙裳;它的花色有白色、浅绿色、水红和淡黄色等。百合花因其开放时花姿很像妩媚的仙女,所以,还有"云裳仙子"的美称。

百合花的香味淡雅怡人,因此,中国的文人雅士们很喜欢在庭院里养植这种花。空闲时,与三朋两友相约饮酒于百合花间,弹琴作画,吟诗舞剑,借此忘却红尘烦恼,享受短暂人生的快乐时光。

由"百合花"引出的谐音字"百"之谐音作品,举例如下:

(1)"萱寿百龄"

从这幅作品的构图中,我们可以看到百合花与灵芝的谐音图像,以及蟠桃与萱草[1]的象征图像。其中,"百合花"的"百"转指"一百"的

萱寿百龄

"百","灵芝"的"灵"líng 与"年龄"的"龄"líng 为同音同调的谐音字,组成"百龄";由"萱草"引出"萱"字,因萱草生命力顽强,有生生不息的象征意义;"蟠桃"又称"寿桃",象征长寿,引出"寿"字,得出词语"萱寿百

---

[1] 萱草为多年生草本植物,花的颜色为橙红色或黄红色,叶子的形状为扁平长线型,花蕾部分可以食用,根可以用作药材。

龄"xuān shòu bǎi líng，意思是"祝君健康长寿"（A blessing for longevity）。

（2）"百龄和合，桂子兰孙"

从这幅作品的构图中，我们可以看到百合花和灵芝的谐音图像。其中，"百合花"的"百"转指"一百"的"百"；"灵芝"的"灵"líng 与"年龄"的"龄"líng 为同音同调的谐音字；"百合花"的"合"转指"合意"的"合"，组成词语"百龄和合"，意思是"愿君身体健康，生活和睦顺意"。又因"桂花"也叫"桂子"，与"兰花"的"兰"（"蘭"是"兰"的繁体字）组成词语"桂子兰孙"，意思是"聪明而有才华的子孙后代"，进而得出词语"百龄和合，桂子兰孙"bǎi líng hé hé，guì zǐ lán sūn，意思是"祝君长命百岁，生活和睦顺意，并拥有聪明的子孙后代"（A blessing for having great grandsons and a long harmonious life）。

3. 名称谐音图像——百合 bǎihé Chinese Lily Bulbs

百合，是百合花根部的鳞茎部分，形状像大蒜，由多个肉质鳞片抱合，呈球型状，有白色或浅红色之分。百合的味道微甜，既可炒菜食用，又可当作药材，具有养心安神、润肺止咳的功效。

百龄和合　桂子蘭孙

谐音"画"汉字

百合,在中国文化语境中还有"百年好合"之意,是对新婚佳人的一种美好祝愿,特指"和睦相爱、白头偕老"。

由"百合"引出的谐音字"百"之谐音作品,举例如下:

(1)"百事如意"

从以下这幅作品的构图中,我们可以看到百合、柿子和如意的谐音图像。其中,"百合"的"百"转指"一百"的"百","柿子"的"柿"shì与"事情"的"事"shì为同音同调的谐音字组成"百事",器物名称"如意"与"符合心意"的动词"如意"属"一词多义"现象,组成词语"百事如意"bǎi shì rú yì,意思是"愿生活中所有的事情都符合心意"(A blessing for a smooth life)。

百事如意

(2)"百年和合"

从这幅作品的构图中,我们可以看到百合与荷花、荷叶的谐音图像。其中,"百合"的"百"转指"一百"的"百",引出"百年";"荷花、荷叶"的"荷"hé与"和睦"的"和"hé、"合意"的"合"hé各为一对同音同调的谐音字,组成"和合",得出词语"百年和合"bǎinián hé hé,意思是"愿君一生到老都和睦相处"(A blessing for an everlasting harmonious life)。

"百年"一词,除了"长寿"之义,还指人的一生、一辈子(in one's whole life),常见的四字格词语有:

百年好和　bǎi nián hǎo hé
百年之好　bǎi nián zhī hǎo
百年和合　bǎi nián hé hé

(3)"百岁平安"

从下页作品的构图中,我们可以看到百合与花瓶的谐音图像。其中,"百合"的"百"转指"一百"的"百",引出"百岁";"花瓶"的"瓶"píng与"平静"的"平"píng为同音同调的谐音字,花瓶里"安放着花"的这一动作状态引出"安"字,组成"平安",得出词语"百岁平安"bǎi suì píng ān,意思是"愿生活永远平静安宁"(A blessing for an everlasting peaceful life)。

百年和合

这里的"百岁"表示很多年,很长时期(many years, long period),可与"百年"一词互换,常见的四字格词语有:

百岁千秋　bǎisuì qiān qiū
百岁之盟　bǎisuì zhī méng
百岁之好　bǎisuì zhī hǎo

"百"的词语扩展

1. 百思不解　bǎi sī bù jiě

   still unable to solve a problem after long pondering

   这是一道令学生们百思不解的数学难题,最后,还是在老师的讲解下,让大家明白了这道题的答案。

2. 百读不厌　bǎi dú bú yàn

   worth reading numerous times

   《红楼梦》是一部令人百读不厌的古典文学作品。

3. 百川归海　bǎichuān guīhǎi

   all rivers flow to the sea

   来自世界不同国家的运动健儿,犹如百川归海,相聚在2008年的北京奥运会上。

百岁平安

4. 百废待兴　bǎi fèi dài xīng

　　all that was left undone is now being taken up

　　改革开放的八十年代初,中国面临着百废待兴的局面,中央政府深深感到振兴经济的重要性。

5. 百战百胜　bǎi zhàn bǎi shèng

　　fight a hundred battles, win a hundred victories; be invincible

　　上课认真听讲,考前充分准备,考试时才有可能百战百胜。

6. 百炼成钢　bǎi liàn chéng gāng

　　be made into fine steel through repeated tempering—be forged in repeated struggles

　　一个人的意志力培养,需要不断的锻炼与考验,方有可能百炼成钢。

7. 百闻不如一见　bǎi wén bù rú yí jiàn

　　it's better to see something once for yourself than to hear about it a hundred times; seeing is believing

　　这次,总算亲眼看见了这位大明星的现场表演,大家都说真是百闻不如一见,好气派啊!

8. 一呼百应　yì hū bǎi yìng

　　hundreds respond to a single call

　　公司老板如果能得到员工们的拥护,即使工作上遇到再大的挑战,大家也会一呼百应,协力完成公司的设定目标。

9. 千方百计　qiān fāng bǎi jì

　　by every possible means

　　歇后语"唐伯虎追秋香——千方百计",说的是《三笑姻缘》故事中,生活在中国明代的江南大才子唐伯虎(1470—1523),为了追求到美貌出众的丫环秋香,想尽了一切方法,最终赢得了秋香的甜美爱情。

成语典故

百步穿杨
bǎi bù chuān yáng

中国的春秋时期（前770—前476），楚国有位名将，叫养由基。他从小就喜欢射箭，一有时间便专心致志地练习射箭，终于练就成了高超的射箭本领。

当时，还有一位叫潘虎的人，也很擅长射箭。有一天，潘虎邀请养由基一起比试射箭的本领。潘虎选了一块涂有红心的木板作为靶子，将它设在五十步外的空地上。他拉开弓，一连三箭正中红心，博得围观人群的一片喝彩。潘虎很得意，向养由基拱拱手，示意该轮到养由基上场了。养由基环视了一下四周，淡定地说："射五十步外的红心，目标太近，靶心也太大，还是让我射百步外的杨柳叶吧！"说完，他指着百步外的一棵杨柳树，让人在树上选了一片小叶子，涂上红色作为靶心。结果，所射的箭头正好穿透了这片柳叶的红心，在场的人们无不为这一高超的技艺而惊呼欢叫。潘虎更是从此对养由基佩服得五体投地、口服心服。

这便是汉语表示百发百中的"百步穿杨"成语典故（Shoot an arrow throw a willow leaf at a hundred paces）。后来，这一典故，也用来形容某种人具有料事如神的本领（foretell with meticulous accuracy）。

第二章 福 fú

福 小篆　　福 楷体

福，指幸福，好运（happiness; luck; good fortune; blessings）。

"五福文化"是中华传统文化最重要的组成部分。数目字"五"，在中国具有无所不包的特性；"五福"的概念可谓贯穿了人的一生方方面面；"拥有五福"是中国人长久以来追求与向往的生活品质。从传统意义上讲，"五福"的概念包括了"长寿、康宁、富贵、好德、善终"这五方面的内容。人生的幸福不仅仅体现为健康长寿、富贵无忧，而且还应拥有高尚的德行、豁达的胸怀；即使走到了人生的终点，也应该是在无病痛中安详地老去。

从谐音字画看"福"字表达，常见四种对应的谐音图像："蝙蝠"、"佛手"、"芙蓉花"与"富贵花"。其中，"蝙蝠"的"蝠"fú、"芙蓉花"的"芙"fú与"幸福"的"福"fú为同音同调的谐音字；"富贵花"的"富"fù与"幸福"的"福"fú为同音异调的谐音字；"佛手"的"佛"fó与"幸福"的"福"fú为同声母异韵母的谐音字。由此，名词"蝙蝠"、"佛手"、"芙蓉花"与"富贵花"成为了谐音字"福"的名称谐音图像。

字与图的谐音关系,如图所示:

1. 名称谐音图像——蝙蝠 biānfú Bat

蝙蝠,是一种哺乳动物,它有类似翅膀的筋膜,可飞翔,喜夜间行动。蝙蝠的头部与躯干很像老鼠,所以,还有"飞鼠、仙鼠"之称。

一般而言,兽类是不会飞的,但蝙蝠却属于会飞的兽类,所以,蝙蝠被看作"飞禽走兽"之外的一种另类动物。关于蝙蝠的这一特征,中国民间还有这样一个有趣的传说:

有一次,百鸟商量给凤凰过生日,因为蝙蝠会飞,鸟儿就把它看成自己的同类,邀请它一同参加凤凰的生日舞会,可是蝙蝠却偏偏拒绝了邀请,说自己虽然会飞,但不属于鸟类,而是属于哺乳动物中的兽类。后来麒麟过生日,百兽商量给麒麟过生日,百兽认为蝙蝠属于自己的同类,因此也同时邀请蝙蝠一同参加麒麟的生日宴会,可是蝙蝠又拒绝了邀请,说自己有翅膀会飞,属于鸟类,不属于兽类。就这样,聪明的蝙蝠为自己找到了一个既不是"飞禽"也不是"走兽"的特殊地位,从此再也不必为参加飞禽走兽的各种社交活动而伤神烦恼了。

有趣的是,长久以来在中华大地这一汉语语境中,蝙蝠这一看似怪异的动物,却通过"蝠"fú与"福"fú的谐音转换,摇身变成了人人喜爱的"福气"化身。清代文学家孟超然(1730—1797)在《亦园亭全集·

瓜棚避暑录》一书中就曾提过:"虫之属最可厌莫如蝙蝠,而今之织绣图画皆用之,以与'福'同音也。"

由"蝙蝠"引出的谐音字"福"之谐音作品,举例如下:

(1)"五福"系列

从这幅作品的构图中,我们可以看到五只蝙蝠在空中盘旋飞翔的谐音图像。其中,"蝙蝠"的"蝠"fú与"幸福"的"福"fú为同音同调的谐音字,"五只蝙蝠"即为"五福"wǔ fú,意思是"愿君拥有所有的幸福"(May you have all blessings in your life)。

五福

前面说过，数目字"五"在汉文化概念中，具有无所不包的特性。这是为什么呢？原来它与公元三千年前西周时期提出的"五行"概念有关。当时的先人们认为：世间万物均由木、火、土、金、水这五种元素构成，它们之间的关系表现为相生相克与循环往复。这五种物质元素之间的密切关系与不断变化，由此，成为了天地万物的衍生之本，更成为了中国传统唯物辩证法的思想基础。从此"五"，这一无所不包的思想，印浸在了汉文化独有的概念中。因此，"五福"这一概念，不仅仅指传统意义上的"长寿、康宁、富贵、好德、善终"这五个方面，实际上，它涵盖了人的一生应该拥有的所有幸福。下列表格中列举的这些含"五"字的概念，都是从"五行"这一思想中衍化出来的。比如，五行的"木"元素，对着五方的"东"、五色的"青"、五帝的"青帝"、五脏的"肝"、五官的"目"和五味的"酸"：

五行	木	火	土	金	水
五方	东	南	中	西	北
五色	青	赤	黄	白	黑
五帝	青帝	赤帝	黄帝	白帝	黑帝
五脏	肝	心	脾	肺	肾
五官	目	舌	口	鼻	耳
五味	酸	苦	甘	辛辣	咸

从以下作品的构图中，我们可以看到五只蝙蝠正从一尊花瓶里翩翩飞升的谐音图像。其中，"蝙蝠"的"蝠"fú与"幸福"的"福"fú为同音同调的谐音字，"五只蝙蝠"即为"五福"；"花瓶"的"瓶"píng与"平安"的"平"píng为同音同调的谐音字，五只蝙蝠朝天上"飞升"的"升"shēng与"一生"的"生"shēng为同音同调的谐音字，组成"平生"，得

出词语"平生五福"píng shēng wǔ fú,意思是"愿君一生拥有所有的幸福"(May you have all blessings in your life)。

数目字"五"指多(many, various),常见的成语有:

五湖四海　wǔ hú sì hǎi
五颜六色　wǔ yán liù sè
五花八门　wǔ huā bā mén
五光十色　wǔ guāng shí sè
五体投地　wǔ tǐ tóu dì
五谷丰登　wǔ gǔ fēng dēng
五彩缤纷　wǔ cǎi bīn fēn

从右边作品的构图中,我们可以看到天边四只蝙蝠正向花瓶的方向飞来,画面中央身穿橘红色衣服的小孩子正手按着一尊瓶子,瓶口上方清晰可见一只露出半个身子的红色蝙蝠正往瓶口里钻

平生五福

平安五福自天来

局部放大

的场景。其中,"花瓶"的"瓶"píng与"平安"的"平"píng为同音同调的谐音字,蝙蝠被"安放"在花瓶里的动作引出"安"字,组成"平安";"蝙蝠"的"蝠"fú与"幸福"的"福"fú为同音异调的谐音字,"五只蝙蝠"即为"五福";蝙蝠"从天上飞来"的动作引出短语"自天来",得出词语"平安五福自天来"píng ān wǔ fú zì tiān lái,意思是"愿老天保佑,一生平安幸福"(May peace and all blessings come your way from heaven)。

在"百"字章中我们谈过,中国传统文化认为:统治者"皇帝"所得的职权都是"上天"赋予的,属"天命神权"。实际上,对天地山川的崇拜、对祖先的崇拜和对君师圣贤的崇拜,是中华传统崇拜文化中的三大信仰,其中,对天的敬畏应是至高无上的崇拜。所以,上天的旨意是"天意";由天意造成的灾难是"天灾";上天安排的命运是"天命";凡是世人无法明白的事情,都归"天知道";甚至连人间美满的婚姻,也称作"天作之合"。自然,对"平安"、"五福"的期盼也成了"自天来"。

从以下两幅作品的构图中,我们可以看到五只蝙蝠正围着一个大寿字的谐音图像。其中,"蝙蝠"的"蝠"fú与"幸福"的"福"fú为同音同调的谐音字,"五只蝙蝠"即为"五福";五只蝙蝠正围绕着一个寿字做出"捧着"的动作引出"捧"字,组成词语"五福捧寿"wǔ fú pěng shòu,意思是"祝君幸福美满健康长寿"(May all blessings come your way on your birthday)。

五福捧寿①

五福捧寿②

（2）"福寿"系列

汉字"寿"即"长寿"，是中国五福文化中最为推崇的福气之首。中国人自古以来便把对幸福的憧憬寄托于人的生命长河中，认为人只要活着，只要长寿，就是有福之人。因此，代表"幸福长寿"之意的"福寿"二字，是谐音字画中常见的图像组合。

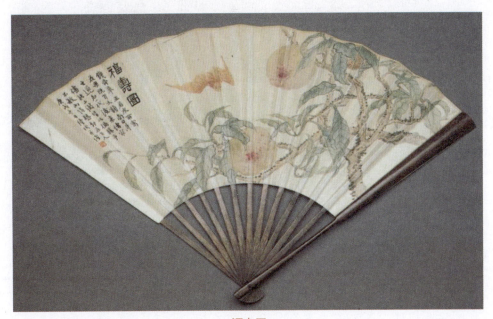

福寿图

从这幅作品的构图中，我们可以看到蝙蝠的谐音图像和蟠桃的象征图像。其中，"蝙蝠"的"蝠"fú与"幸福"的"福"fú为同音同调的谐音字；"蟠桃"又有"寿桃、寿果"之称，象征长寿，取其"寿"字，组成词语"福寿"fú shòu，意思是"愿君幸福长寿"（May you enjoy a long and fortunate life）。

与"长寿"有关的"寿"字构词，常见以下这些二字格词语：

寿星　shòuxīng　　　　寿筵　shòuyán

寿辰　shòuchén　　　　寿面　shòumiàn

寿礼　shòulǐ　　　　　寿桃　shòutáo

77

谐音"画"汉字

福寿双全

从这幅作品的构图中,我们可以看到两个并排坐落的大寿桃象征图像,以及在这两个大寿桃上还分别俯卧着两只小蝙蝠的谐音图像。其中,"蝙蝠"的"蝠"fú 与"幸福"的"福"fú 为同音同调的谐音字,由"寿桃"引出"寿"字,组成"福寿";又因"两只蝙蝠、两个寿桃"都是以成双成对的形式出现,汉语还可以说"双全",即"两个都拥有",从而得出词语"福寿双全"fú shòu shuāng quán,意思是"愿君幸福长寿"(May you have both good fortune and a long life)。

"双全"一词,既可指成对的(have both),如"福寿双全"、"福禄双全";还可指相称的两方面都具备(be complete in both respects),比如:

父母双全　fùmǔ shuāng quán

文武双全　wén wǔ shuāng quán

智勇双全　zhì yǒng shuāng quán

才貌双全　cái mào shuāng quán

（3）"福运"

从以下两幅作品的构图中,我们可以看到蝙蝠与云朵的谐音图像。其中,"蝙蝠"的"蝠"fú与"幸福"的"福"fú为同音同调的谐音字;"云朵"的"云"yún与"运气"的"运"yùn为同音异调的谐音字,组成词语"福运"fú yùn,意思是"祝君幸福好运"(May you have good fortune and good luck)。

汉语在描述"人生有好的机会"时,喜用"运"字构词,比如,"幸运、走运、红运、好运、财运"。汉字"运"有"命运"、"运气"之义,平时在形容一个人总能遇到好事时,汉语会说"这个人的运气真好"。

福运①   福运②

2. 名称谐音图像——佛手 fó shǒu Buddha's Hand Citron

佛手,是一种植物的果实,据说,它的形状酷似佛祖释迦牟尼的一种手势。佛手的颜色是黄色,有淡淡的香气,既可观赏,又可用作药材。

由"佛手"引出的谐音字"福"之谐音作品,举例如下:

（1）"多福多寿"

从以下作品的构图中,我们可以看到佛手的谐音图像以及蟠桃的象征图像。其中,"佛手"的"佛"fó与"幸福"的"福"fú为同声母异韵母

谐音"画"汉字

多福多寿

的谐音字,引出"多福";"蟠桃"又有"寿桃、寿果"之称,象征"长寿",取其"寿"字引出"多寿",组成词语"多福多寿"duō fú duō shòu,意思是"祝君拥有更多的幸福与更长久的生命"(May you have good fortune and a long life)。

以"多……多……"形式出现的四字格构词,在汉语中可见:

多种多样　duō zhǒng duō yàng

多才多艺　duō cái duō yì

多嘴多舌　duō zuǐ duō shé

多灾多难　duō zāi duō nàn

(2) "三多"

从以下作品的构图中,我们可以看到佛手和露出石榴籽的石榴谐音图像以及蟠桃的象征图像。其中,"佛手"的"佛"fó与"幸福"的"福"fú为同声母异韵母的谐音字,引出"多福";"蟠桃"又有"寿桃、寿果"之称,象征"长寿",取其"寿"字引出"多寿";"石榴籽"的"籽"zǐ与"男孩子"的"子"zǐ为同音同调的谐音字,引出"多子"[1],组成词语"多福、多寿、多男子"duō fú, duō shòu, duō zǐ,即"三多",意思是"祝君幸福、长寿、子孙万代"(May you have

---

[1] 这里的"子"指男孩子。在中国,男性承担着社会的主要责任与家庭传宗接代的重任,通常孩子也跟随父姓。所以,愿多生男孩子,在中国,一直以来都是一种美好的祝福与祝愿。

第二章　福 fú

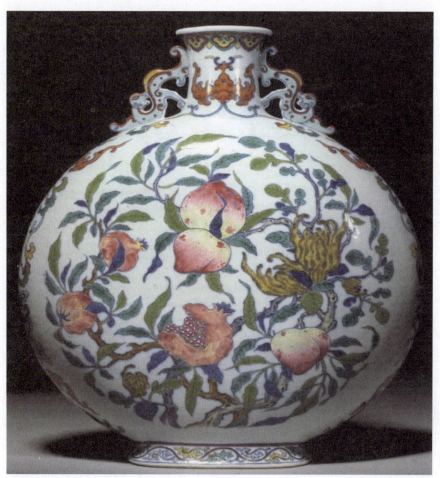

三多

great happiness, a long life and many children）。

　　在上编第一章的"谐音字画"概论中,我们提过历史上著名的"华（huà）封三祝"典故,它讲述的是中国远古时期,当时的华州人对前来巡视的尧帝表达的三个祝愿:"祝长寿、祝富贵、祝多生男"[1]。这里,"三祝"与"三多"意思等同。

---

[1] 参见《庄子·天地篇》:"尧观乎华。华封人曰:嘻,圣人! 请祝圣人寿……圣人富……圣人多男子。"华,指古代的一个地名;封,指疆界、范围;华封,指华州这个地方;华封人,指住在华州这个地方的人们。尧,是约公元前21世纪初的一位圣贤君王,又称"唐尧",他是帝喾的儿子。据史书记载,尧在位98年期间,百姓安乐,天下太平。中国远古时期的"五帝"人物,其中之一的说法是:黄帝、颛顼 Zhuān Xū、帝喾 Kù、尧 Yáo、舜 Shùn。

福寿无疆

(3)"福寿无疆"

从这幅作品的构图中,我们可以看到许多佛手的谐音图像。其中,"佛手"fó shǒu 与"福寿"fú shòu 为音近词,组成词语"福寿无疆"fú shòu wú jiāng,意思是"祝君永远幸福长寿"(May you forever have good fortune and longevity)。

"福寿无疆"是一个成语,是对一个人的福气与寿命的美好祝颂;"无疆"表示没有止境、无穷、久远(boundless; endless; forever)。在"祝寿"的场合,汉语会说:

万寿无疆　　wàn shòu wú jiāng

无疆之寿　　wú jiāng zhī shòu

3. 名称谐音图像——芙蓉(花) fúrónghuā Hibiscus

芙蓉,有水芙蓉、木芙蓉之分,是荷花、莲花的别名。它原产中国,现为中国四川省成都市的市花。由于芙蓉花喜欢近水生长,开放在池塘水溪边,故有"照水芙蓉"、"出水芙蓉"的美称。芙蓉花的花姿不但妩媚动人,而且还有清热凉血、安神定志、消肿排脓的药用功效。

由"芙蓉"引出的谐音字"福"之谐音作品,举例如下:

从这幅作品的构图中,我们可以看到一对鸳鸯正在水芙蓉的掩映下相伴戏水的谐音图像。其中,"水芙蓉"的"芙"fú与"幸福"的"福"fú为同音同调的谐音字,引出"福禄";鸳鸯,在中国文学作品中是忠贞不渝、爱情专一、永不分离的象征,组成词语"福禄鸳鸯"fú lù yuānyāng,意思是"愿幸福与富有永远相伴左右"(A blessing to enjoy good fortune and a good salary altogether)。

鸳鸯(mandarin ducks),在汉语中常用来比作一对相爱中的情侣,由此引出的词语有:

鸳鸯侣　yuānyāng lǚ

鸳鸯楼　yuānyāng lóu

鸳鸯室　yuānyāng shì

鸳鸯椅　yuānyāng yǐ

鸳鸯席　yuānyāng xí

鸳鸯座　yuānyāng zuò

福禄鸳鸯

4. 名称谐音图像——富贵花 fùguìhuā Peony

福寿图

富贵花,是牡丹花的别称。牡丹花,无论是从花型、花色还是花姿上,都尽显雍容华贵与舒展大气的富贵之态。因此,在中国文化语境中,牡丹花具有"富贵"的象征意义。宋代哲学家周敦颐(1017—1073)在《爱莲说》中写道:"自李唐以来,世人甚爱牡丹……牡丹,花之富贵者也。"[1]《中国吉祥文化》一书也提到:"牡丹成为一种全民共赏的民俗吉祥物,寓意的重心则集中在'富贵'二字上。"[2]

牡丹花还有"国色天香"、"花中之王"的美誉,它的故乡在中国,是中国河南省洛阳市的市花。每年春季,洛阳市都会举行盛大的牡丹花会。

由"富贵花"引出的谐音字"福"之谐音作品,举例如下:

从这幅作品的构图中,我们可以看到富贵花的谐音图像以及寿桃与寿石的象征图像。其中,"富贵花"的"富"fù与"幸福"的"福"fú为同音异调的谐音字;取"寿桃"、"寿石"的"寿",组成词语"福寿"fú shòu,意思是"祝君幸福长寿"(May you enjoy a long and fortunate life)。

---

[1] 周文英(1993)《周敦颐全书》,南昌:江西教育出版社,第274页。
[2] 沈利华、钱玉莲(2005)《中国吉祥文化》,呼和浩特:内蒙古人民出版社,第17页。

从这幅作品的构图中,我们可以看到富贵花的谐音图像与寿石的象征图像。其中,"富贵花"的"富"fù与"幸福"的"福"fú为同音异调的谐音字;取"寿石"的"寿",组成"福寿",得出词语"福寿人间"fú shòu rénjiān,意思是"愿人间充满幸福与长寿"(May the world filled with a long and fortunate life)。

"福"的词语扩展

1. 福气　　fúqì

    good fortune/luck

    有福气/福气大/福气真好

2. 福分　　fúfen

    good fortune/luck

    有福分/福分不浅

3. 福地　　fúdì

    place of ideal happiness; paradise

    身在福地不知福/洞天福地

4. 福如东海　　fú rú dōng hǎi

    boundless happiness

这是一个成语,指福气像东海那样永不干涸。该词语常与"寿比南山"连用,比如"福如东海长流水,寿比南山不老松"这一祝寿对联。

福寿人间[1]

---

1 该幅作品的完整款题为"福寿人间,春风颜色共须眉"。

5. 有福同享,有难同当　yǒu fú tóng xiǎng, yǒu nàn tóng dāng

share bliss and misfortune together

　　幸福的时候,能与好朋友一起分享;困难的时候,也能与好朋友一起担当,这才是好朋友间"有福同享,有难同当"的真情写照。

6. 福无双至,祸不单行　fú wú shuāng zhì, huò bù dān xíng

blessings never come in pairs and misfortunes never come singly

　　这是中国人对"福"与"祸"这一对概念的不同认识观。幸福、幸运的事情,中国人认为不会连续两次出现;可是不幸的事情,却往往接二连三地连续出现。

故事与传说

塞翁失马,祸兮福兮
Sài wēng shī mǎ, huò xī fú xī

　　中国道家认为:"祸兮福之所倚(yǐ),福兮祸之所伏"。就是说,"祸"与"福"虽然是两个对立的不同概念,但在一定的条件下,它们会相互转化。也就是说,"祸"这一坏事与"福"这一好事,在一定条件下是可以相互转换的,好事可以变成坏事,坏事也可以变成好事。故事"塞翁失马",讲述的就是这个道理。

　　古时候,中国北方的边境上住着一个老头儿,大家都叫他塞翁。有一天,塞翁家的马跑丢了,邻居们很替他惋惜,可塞翁却说:"说不定跑掉的这匹马还会给我带来什么好处呢。"果不然,没过多久,这匹马带着另一匹高大俊美的马回到了塞翁的家。塞翁的儿子特别钟爱这匹意外得到的骏马,整天骑着它驰骋在广阔的草原上。大家见了直夸塞翁有福气,没想到塞翁却摇摇头若有所思地回应道:"谁知道这是好事还是坏事呢?"邻居们听了大惑不解,心想怎么可能是坏事呢?不久,塞翁有理智的反问得到了证实。原来,这匹从外边带回的马并未被驯化,野性十足,塞翁的儿子对它的脾气秉性并不十分清楚。有一天,这匹马野性大发,将塞翁的儿子甩摔落地,一条腿被摔成了残疾。于是,大家又纷纷过来安慰塞翁,塞翁依旧是那副处事不惊的样子,不急不慢地还安慰起邻居来:"我的儿子或许还会因祸得福呢!"果然,当边塞发起了战争,身体健全的年轻男子们都上战场浴血奋战去了,而塞翁的儿子却因伤残留守在家,最终保住了性命。

这则故事,实际上,说明了中国人对祸福达观的一种认识:此时祸、彼时福,谁都难说一种事情的出现,最终是祸还是福! 正可谓:塞翁失马,祸福互转,祸兮福兮(In good fortune may lurk bad luck and in bad luck may lurk good fortune)。

避讳制度

为什么康熙皇帝不许说"五福临门"?
Wèishénme Kāngxī huángdì bù xǔ shuō wǔ fú lín mén

过年时,把"福"字倒贴在门上,是中国民间由来已久的风俗。这里将"福"字倒放,是借助"倒"dǎo与"到"dào的谐音关系,来表达"福到了!"的祝福之愿。

然而,在中国历史上,关于"福"字也有一些避讳。清朝大兴文字狱,避讳特别多。"五福临门"这一词语,本来是用于表达"盼望人生完满幸福"的美好祝愿,却具讽刺意味地成为了大清皇朝的国讳。所谓国讳,是指全国上下所有的人都必须遵循的避讳。比如只要是皇帝使

用过的名字,这个名字以及和这个名字有谐音关联的谐音字,在任何场合下都不允许再被使用。

话说康熙皇帝的父亲顺治皇帝,他的名字叫爱新觉罗·福临,按照当时的国讳,这个"福临"二字是不可以出现在任何场合的。所以,有一次,康熙皇帝外出巡视,看到民居门楣上贴有的"五福临门"的字样,便大发雷霆,怎么可以将自己父辈的名字随便贴在了老百姓的门楣上呢?于是,康熙皇帝的一声令下,举国上下家家户户,从此,再也不能在门楣上出现"五福临门"的字样了。

第三章 利 lì

利 小篆　利 楷体

利,指钱财(profits, interest);好处等(advantage, benefit)。

渴望得利获利的"趋利心理",一直是中华民族具有民俗意识的普世追求。歇后语"闹市里开店铺——有利可图",说的是商家选择有利地带、开张纳客的"趋利"表现。对于人类"追求利益"的这一现象,中国汉代伟大的思想家司马迁(公元前145—前87)在《史记·货殖列传》中给予过这样的阐述:"天下熙熙,皆为利来,天下攘攘,皆为利往。"说明了追求利益与好处是全人类的社会共性,也是人类进行各种社会活动与交往的内在驱动力。正可谓:国与国、人与人之间,来来往往皆为利。

中华文化颂扬的"趋利文化",应是以"君子爱财,取之有道"为重要的前提与条件。生活在物质社会中,人们对财物获取的渠道各有不同,但是有德性的君子一定是"取之有道"的,决不会拿取不义之财。

中国历代伦理思想家一直重视"利与义"之间的辩证关系，"重义轻利"应是中国伦理道德所倡导的人生价值观。伟大的教育先师孔子（公元前551—前479）有"君子喻于义，小人喻于利"之论，由此，"见利思义"与"见利忘义"成了日后中国人评判与辨识君子与小人的有效法则。

从谐音字画看"利"字的表达，常见两种对应的谐音图像："鲤鱼"与"荔枝"。"鲤鱼"的"鲤"lǐ与"得利"的"利"lì为同音异调的谐音字；"荔枝"的"荔"lì与"有利"的"利"lì为同音同调的谐音字。由此，名词"鲤鱼"与"荔枝"成为了谐音字"利"的名称谐音图像。

字与图的谐音关系，如图所示：

1. 名称谐音图像——鲤鱼 lǐyú Carp

鲤鱼，是一种淡水鱼，具有观赏、食用与药用的价值。中国是鲤鱼的发源地，也是最早开发养殖鲤鱼的国家，至今已有两千五百多年的历史。

由"鲤鱼"引出的谐音字"利"之谐音作品，举例如下：

从以下两幅作品的构图中，我们可以看到渔翁得到一条鲤鱼时喜笑颜开的谐音图像。其中，"鲤鱼"的"鲤"lǐ与"利润"的"利"lì为同音异调的谐音字；"渔翁得到鲤鱼"的动作引出"得"字，组成词语"得利"délì，意思是"愿君获得利润"（May you have profits）。

这里的"利"指利润（profits, interest），"得利"就是"获得利润"；汉

第三章 利

得利图① 　　　　　　　　得利图②

字"得"指拿到、得到（to get, to obtain, to win），常见的词语有：

得益　déyì　　　　　　得志　dézhì

得奖　dé jiǎng　　　　　得分　dé fēn

得胜　dé shèng　　　　　得力　délì

得人心　dé rénxīn　　　　得道多助　dé dào duō zhù

得天独厚　dé tiān dú hòu

不入虎穴，焉得虎子　bú rù hǔ xué, yān dé hǔzǐ

91

2. 名称谐音图像——荔枝 lìzhī Lychee

荔枝,是一种水果,原产于中国,为中国岭南四大名果之一[1]。它的果肉鲜嫩丰腴yú,汁浆甜润可口,有"果王"之称。诗句"日啖(dàn)荔枝三百颗,不辞长作岭南人",是北宋时期大文学家苏轼(1037—1101)对岭南荔枝的由衷赞叹。这里的"啖"指"吃"。

荔枝又叫离枝,有"一离本枝,一日而变色,二日而变香,三日而变味,四五日外色香味尽去矣"的形象描述。意思是说,荔枝这种水果,从树上一摘下来,就得马上食用,否则就会变质变味。有趣的是,因为荔枝的这一鲜食特性,还成就了唐代诗人杜牧"荔枝来"、"妃子笑"[2]的传世名句。

由于荔枝一经采摘离树便会变质变味,所以,为了保持荔枝的这一鲜食特性,中国宋朝(960—1279)岭南地区的老百姓还特意为此发明了"红盐法"。经过红盐法处理的荔枝,叫"红盐荔枝"。据说,用这一方法,可以将新鲜的荔枝保存三四年而不变质,深受当时的消费者喜爱,甚至还远销到了现在的朝鲜、日本、东南亚以及阿拉伯等国家,出现了"莫不爱好,重利以酬"的抢购现象,使得当时的果农获得了"一岁之出不知几千万亿"[3]的大好利润。

由"荔枝"引出的谐音字"利"之谐音作品,举例如下:

---

[1] 中国岭南特指广东、广西和海南这三个省份。岭南是指五岭之南,由越城岭、都庞岭(一说揭阳岭)、萌渚岭、骑田岭、大庾岭五座山组成,分布在广西东部至广东东部和湖南、江西五省区交界处,是中国江南最大的横向构造带山脉,也是长江和珠江两大流域的分水岭。中国岭南的四大名果是:荔枝、香蕉、木瓜和菠萝。(资料:百度网)

[2] 全诗为:"长安回望绣成堆,山顶千门次第开。一骑红尘妃子笑,无人知是荔枝来。"该诗出自唐代诗人杜牧(803—约852)的《过华清池》,它描写的是杨贵妃因为能吃上当天从树上摘下来的新鲜荔枝而开心笑起来的场景。诗中的"妃子"指杨贵妃,是唐朝唐玄宗李隆基(685—762)的宠爱妃子。她的本名叫杨玉环(719—756),是中国古代四大美女之一(另外三位古代美女分别是:春秋战国时期的西施、西汉时期的王昭君和东汉末年的貂蝉)。

[3] 虞云国(2006)《宋代文化史大辞典》上册,汉语大词典出版社,第166页。

（1）"大利"系列

从这幅作品的构图中，我们可以看到大量荔枝放在一只大篮筐里的谐音图像。其中，"荔枝"的"荔"lì 与"有利"的"利"lì 为同音同调的谐音字；由"大量的荔枝"的"大量"引出"大"字，组成词语"大利"dà lì，意思是"愿君拥有大好处"（May you have huge benefits）。

由于汉字"大"有"超出一般"之义（huge, large），因而，在"趋吉"文化心理的影响下，中国人对生活中美好的追求，喜用"大"字加以修饰。以下这些词语，都属谐音字画中"大"字的祝颂语：

大福　　dà fú

大寿　　dà shòu

大喜　　dà xǐ

大利　　dà lì

大吉　　dà jí

大富　　dà fù

大贵　　dà guì

大福禄　dà fú lù

大利

谐音"画"汉字

从这幅作品的构图中，我们可以看到大喜鹊和一大串荔枝的谐音图像。其中，由"喜鹊"的"喜"转指"喜悦"的"喜"，"大喜鹊"即"大喜"；"荔枝"的"荔"lì与"有利"的"利"lì为同音同调的谐音字，"一大串荔枝"即"大利"，组成词语"大喜大利"dà xǐ dà lì，意思是"愿君拥有大好事、大好处"（May you have good fortune and huge benefits）。

"大……大……"这个构词式，分别用在单音节的名词、动词或形容词的前面，表示规模大，程度深，比如以下这些词语：

大手大脚　dà shǒu dà jiǎo
大鱼大肉　dà yú dà ròu
大风大浪　dà fēng dà làng
大吵大闹　dà chǎo dà nào

大喜大利

字样局部放大

大吃大喝　dà chī dà hē　　大慈大悲　dà cí dà bēi
大摇大摆　dà yáo dà bǎi　　大红大绿　dà hóng dà lǜ
大彻大悟　dà chè dà wù　　大红大紫　dà hóng dà zǐ

(2)"多利"系列

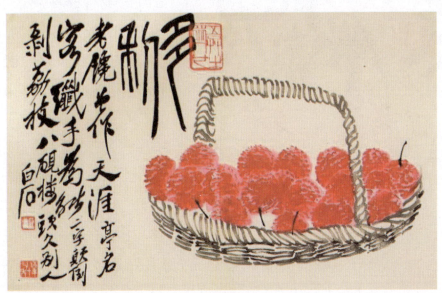

多利

从这幅作品的构图中，我们可以看到许多荔枝的谐音图像。其中，"荔枝"的"荔"lì 与"有利"的"利"lì 为同音同调的谐音字；"许多荔枝"的"许多"引出"多"字，组成词语"多利"duō lì，意思是"愿君好处多多"（May you have huge benefits）。

这里"多利"的"多"字，是中国人在"趋吉"心理的影响下，对幸福吉祥的好事所表现出"多多益善"的思维观念，如同前面谈过的"百"字与"大"字。以下这些二字格词语，都属谐音字画中"多"字的祝颂语：

多福　duō fú　　　　　多寿　duō shòu
多喜　duō xǐ　　　　　多吉　duō jí
多利　duō lì　　　　　多子　duō zǐ

谐音"画"汉字

多利多子

从这幅作品的构图中，我们可以看到十颗荔枝与三个石榴的谐音图像，其中的一个石榴还裂开了果皮，露出很多石榴籽。这里，"荔枝"的"荔"lì与"有利"的"利"lì为同音同调的谐音字，"十颗荔枝"的"十"引出"多"义，组成"多利"；"石榴籽"的"籽"zǐ与"孩子"的"子"zǐ为同音同调的谐音字；"三个石榴"的"三"引出"多"字，组成"多子"，得出词语"多利多子"duō lì duō zǐ，意思是"愿君好处多多、子孙昌盛"（May you have huge benefits and many children）。

在"福"字章中说过，"五"这一数目字在汉语中有"多"义；同样，数目字"三"和"十"，也含有"多"义（many, much more）。比如，以下这些词语中的"三"、"五"、"十"：

三番五次　　sān fān wǔ cì

三令五申　　sān lìng wǔ shēn

举一反三　　jǔ yī fǎn sān

三思而后行　　sān sī ér hòu xíng

一目十行　　yí mù shí háng

十全十美　　shí quán shí měi

十发十中　　shí fā shí zhōng

"利"的词语扩展

1. 利益　lìyì

   interest; benefit

   物质利益／国家利益／个人利益／维护利益

2. 利弊　lìbì

   advantages and disadvantages

   各有利弊／权衡利弊

3. 利害　lìhài

   advantages and disadvantages; gains and losses

   利害冲突／利害得失／分清利害

4. 福利　fúlì

   welfare; material benefits

   职工的福利／社会福利／福利待遇

5. 红利　hónglì

   bonus, dividend

   红利股／红利债券

6. 名利　mínglì

   fame and gain; fame and wealth

   追求名利／获取名利／名利思想

7. 赢利　yínglì

   profit, gain; make a profit

   赢利企业／赢利活动／公司开始盈利

8. 毫不利己,专门利人

háo bú lì jǐ, zhuān mén lì rén

utter devotion to others without any thought of oneself

2009年10月,在中国,被评为近百年来对中国贡献最大、最受中国人民爱戴的国际友人诺尔曼·白求恩(Norman Bethune 1890—1939),是一位"毫不利己,专门利人"的英雄榜样。

9. 良药苦口利于病,忠言逆耳利于行

liáng yào kǔ kǒu lì yú bìng, zhōng yán nì ěr lì yú xíng

Good medicine is bitter in taste but good for the disease, candid advice grates on the ear but benefits conduct.

这是一个俗语。说的是有利治病的好药往往都很苦,对行为有利的忠告也常常让人难以听进去。

成语典故

鹬蚌相争,渔翁得利

yù bàng xiāng zhēng, yúwēng délì

中国战国时期(前475—前221),赵国准备攻打燕国,但是,在赵国从事政治外交活动的苏代,不希望赵国去攻打燕国,便向赵惠王讲述了这样一个经历:

"有一天我经过易水,看见一只河蚌(bàng)正张开蚌壳晒太阳,不小心被一只鹬(yù)鸟啄住了它的肉,蚌立刻合上外壳夹住了鹬鸟的嘴。鹬鸟忍痛挣扎地说:'今天不下雨,明天不下雨,有只蚌快死了。'河蚌听了立即回击道:'今天不放你,明天不放你,有只鹬鸟快死了。'双方就这样互不相让争持不下。这时,一位过路的渔翁见此场景,不禁喜上心头,心想:趁这两个愚蠢的家伙纠缠之际,让我一同把它们抓到手。于是,这位渔翁不费吹灰之力,就得到了鲜美的河蚌和肥硕的鹬鸟。"接着,苏代又说道:"现在,如果我们赵国攻打燕国,两国必然出现僵持对抗的局面,这样,就会给邻国秦国造成'鹬蚌相争,渔翁得利'的机会。所以,我劝大王您慎重考虑此事。"赵惠王听了苏代这番生动形象的比喻,深感话中有理,经再三考虑,最终取消了进攻燕国的计划。

"鹬蚌相争,渔翁得利"这一典故中的"利",指的是"好处";"得利"就是"获得好处"(When a snipe and a clam are locked in fight, it is the fisherman who will reap the benefit.)。后来,汉语常用这一典故,来形容当双方相持不下时,很容易给第三方造成有利的局面,使第三方从中获得好处(If two parties fight, a third party will reap the advantage.)。

故事与传说

鲤鱼跳龙门
lǐyú tiào Lóngmén

"鲤鱼跳龙门",说的是中国古代生活在黄河的鲤鱼,是如何跳过龙门关最终变成天上龙的故事[1]。

很久以前,中国北方的龙门关还未建成,黄河的水流到龙门山下,便会被龙门山挡住去路,久而久之被挡住去路的河水就在

---

[1] 龙门关,在中国的古时,指黄河流至晋陕大峡谷的最窄处;现称禹门口,位于山西省河津县和陕西省韩城县之间的一段峡谷。关于黄河里生活的鱼类名称,后来有专家指出,跳龙门的并不是鲤鱼,而是一种叫鲟的鱼。详见金乃逯(2005)《中国文化释疑》,北京:北京语言大学出版社,第129页。

谐音"画"汉字

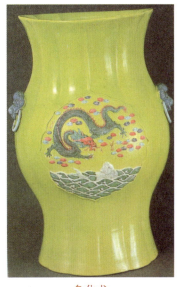
鱼化龙

局部放大

龙门山的南边聚成了一个大大的湖泊，湖光山色十分优美。住在黄河里的鲤鱼听说那里的风光奇特，便相约想去观光游玩，可惜龙门山挡住了它们的去路。鲤鱼们无奈只好商量起对策，大家七嘴八舌纷纷献计，可是到了最后，也没有什么好主意可以采纳。正当大家一筹莫展的时候，一条大鲤鱼自告奋勇地说："让我先试试吧，看看能不能跳过这座龙门山。"说罢，大鲤鱼像跳高能手那样纵身一跃，跳进了云雾间，带动着云层奋力往前。一团天火此时从后面追来，烧着了鲤鱼的尾巴，鲤鱼忍着疼痛，向前，继续向前，终于，越过了龙门山，落进了山南面的那片湖水中。一眨眼，奇迹发生了！天上出现了一条巨龙，它轻声地对着山北面水中的鲤鱼们说："不要怕，我就是你们的伙伴大鲤鱼，因为跳过了龙门，才变成了现在的模样，你们也要勇敢地跳呀！"鲤鱼们受到了伙伴的鼓舞，个个精神抖擞起来，也开始跳越龙门山，可惜，绝大多数鲤鱼都因不能在奋进途中坚持到底，而纷纷从半空中摔落下来。

据说,这些摔下来的鲤鱼额头上,从此还落下了一道深深的疤痕。唐代诗人李白"黄河三尺鲤,本在孟津居,点额不成龙,归来伴凡鱼"的诗句,指的就是这段传说。

不过,那些跳过龙门山的鲤鱼,个个可都变成了天上的龙。所以,"鲤鱼跳龙门"的故事也叫"鱼化龙"或"鱼变龙"(a carp jumping over the Dragon Gate and turning into a dragon.)。后来,人们常用"鲤鱼跳龙门"的说法,来比喻一个人经过持之以恒的努力,最终获得金榜题名、仕途腾达的好前程(succeed in the imperial civil service examination; climbing up the social ladder);同时,也常常引申为在逆境中不屈不挠、奋发向上的顽强精神(the spirit of working hard and aiming high)。

第四章　吉 jí

吉_{小篆}　吉_{楷体}

吉，指幸运的、幸福的、美好的（auspicious, fortunate, lucky），通常用于形容顺心、如意与美满。

吉祥文化，是中国文化中最为重要的组成部分。"趋吉"是中华民族上至帝王将相、下至贫民布衣永恒的向往，它起源于远古时代的宗教仪式，表现在对自然、生殖、祖先和鬼神的崇拜之中，具体分为物体吉祥、行为吉祥、语言吉祥和数字吉祥几个方面。2008 年中国北京举办的第 29 届奥运会五个福娃的设计灵感，其中四个就是来自中国特有的吉祥物：鱼（取名"贝贝"）、熊猫（取名"晶晶"）、藏羚羊（取名"迎迎"）和燕子（取名"妮妮"），通过"贝"bèi 与"北"běi、"晶"jīng 与"京"jīng、"迎"yíng 与"迎"yíng、"妮"nī 与"你"nǐ 的谐音转换，得出"北"、"京"、"迎"、"你"这四个谐音字，表达出"北京欢迎你"[1]的

---

[1] 另外一个福娃叫"欢欢"，是象征奥林匹克圣火的火娃娃，取其"欢"字组成"欢迎"一词。

美好盛邀。

汉语有"吉人天相"之语,意思是说,有德性的好人总会得到上天的眷顾与帮助。传说晋朝时期,政治家谢安[1]在回答关于书法家王献之[2]三兄弟中谁最出色时,就用了"吉人一般不善言辞",来评价王献之是位有德性、重品行的好人。

从谐音字画看"吉"字的表达,常见五种对应的谐音图像:"鸡"、"橘子"、"戟"和"击"、"骑"。其中,"鸡"jī与"吉"jí为同音异调的谐音字;"橘"jú与"吉"jí为同声母异韵母的谐音字;"戟"jǐ与"吉"jí为同音异调的谐音字;"击"jī与"吉"jí为同音异调的谐音字;"骑"qí与"吉"jí为同韵母、异声母的谐音字。由此,名词"鸡"、"橘子"和"戟"成为了谐音字"吉"的名称谐音图像,动词"击"与"骑"则成为了谐音字"吉"的动作谐音图像。

字与图的谐音关系,如图所示:

1. 名称谐音图像——鸡 jī Chicken

鸡,有公鸡(雄性)、母鸡(雌性)之分,它是人类饲养最为普遍的一种家禽。公鸡因其勇猛无畏、意气风发、威武抖擞的形象与气质,在中华传统吉祥图案中,总是占据着显赫的地位。因为,"雄鸡作为

---

[1] 谢安(320—385),字安石,号东山,中国东晋时期(316—420)著名的政治家与军事家。
[2] 王献之(344—386),字子敬,中国东晋时期著名的书法家和诗人。

吉祥物,作用之一是避邪"[1]。

在中国,有以鸡命名的"鸡日"[2],据说这一天出生的鸡,个个长得精壮结实。鸡还是中国十二生肖之一[3];属鸡的人,往往被说成"精神饱满、勤劳亲切"的性格。此外,中国人还根据鸡的模样与特征,赋予了文、武、勇、仁、信这"五德"的文化内涵[4]。

由"鸡"引出的谐音字"吉"之谐音作品,举例如下:

(1)"大吉"系列

大吉①

大吉②

---

1 乔继堂(1993)《吉祥物在中国》·第四集,台北:百观出版社。
2 指农历大年初一的第一天。中国从正月初一开始的头七天,每天都有一个名字:初一为鸡日,初二为狗日,初三为羊日,初四为猪日,初五为牛日,初六为马日,初七为人日。
3 中国十二生肖的顺序排列是:鼠、牛、虎、兔、龙、蛇、马、羊、猴、鸡、狗、猪。
4 因为"鸡冠"的"冠"与"冠冕"的"冠"为"一字多义"现象,借用这一"冠"字,鸡被比作冠冕堂皇"礼"的象征,即"文"字;因为鸡脚后面有个突出的似足趾之物,称为距,它让鸡看上去有了趾高气扬的样子,所以有了"武"字;鸡在面对强敌袭击时,母鸡会立即把小鸡护在翅膀底下,公鸡则会倒竖羽毛,鸣叫迎战,表现出不畏惧的勇敢精神,所以有"勇"字;公鸡找到虫子后,总会呼唤母鸡前来享用,母鸡也总会叼着小虫或米粒送到自己孩子面前,这种仁慈善良的美德,赢得了"仁"字;公鸡年年如一日,每天都会在天明前报晓,准时唤醒人们起床,它的这种守时报时的习惯,赢得了"信"字。参见刘向(西汉)《新序·杂事》"鸿鹄与鸡"一文。

从以上两幅作品的构图中,我们可以看到雄赳赳气昂昂的大公鸡谐音图像。其中,"鸡"jī与"吉"jí为同音异调的谐音字;"大公鸡"引出"大"字,组成词语"大吉"dà jí,意思是"愿君拥有大吉祥"(A blessing for lots of good luck)。

从以下这幅作品的构图中,我们可以看到一只大公鸡站在石头上的谐音图像。其中,"石头"的"石"shí与"房室"的"室"shì为同音异调的谐音字,"鸡站在石头上"引出"在……之上"的"上"字,组成"室上";"鸡"jī与"吉"jí为同音异调的谐音字,"大公鸡"的形象引出"大"字,组成"大吉",得出词语"室上大吉"shì shàng dà jí,意思是"愿贵府吉祥顺意"(A blessing for lots of good luck in your house)。

室上大吉

谐音"画"汉字

百事大吉

从这幅作品的构图中，我们可以看到一只大鸡站在石头上以及一棵柏树的谐音图像。"柏树"的"柏"bǎi 与"一百"的"百"bǎi 为同音同调的谐音字，"石头"的"石"shí 与"事情"的"事"shì 为同音异调的谐音字，组成"百事"；"鸡"jī 与"吉"jí 为同音异调的谐音字，"大鸡"即"大吉"，得出词语"百事大吉"bǎi shì dà jí，意思是"愿所有的事情都平安顺利"（May everything go smoothly and peacefully）。

在"利"字章中我们说过，汉字"大"有"超出一般"之义（huge, large），因此，具有"趋吉"心理的中国人，总是喜用"大福、大寿、大喜、大利、大富、大贵"这些词语，来表达对美好生活的祝福与祝愿。同样，这里的"百事大吉"，也是利用了"大吉"的构词，表达出对人间吉祥事物越大越美好的祝愿。以下均

为谐音字画中与"大吉"有关的常见祝福词语:

万事大吉　wàn shì dàjí
事事大吉　shì shì dàjí
年年大吉　nián nián dàjí
新年大吉　xīnnián dàjí
富贵大吉　fùguì dàjí
盛世大吉　shèng shì dàjí
平安大吉　píng'ān dàjí

(2)"吉利万千"

从这幅作品的构图中,我们可以看到三只小鸡和很多荔枝的谐音图像。"小鸡"的"鸡"jī与"吉祥"的"吉"jí同音异调,"荔枝"的"荔"lì与"有利"的"利"lì同音同调,组成"吉利";因数目字"三"含"多"义,所以,画面上的"三只小鸡"与"很多荔枝",引出"万千",得出词语"吉利万千"jí lì wàn qiān,意思是"愿君吉祥顺利,好事多多"(May you enjoy huge benefits and a lot of advantages)。

吉利万千

谐音"画"汉字

"万千"不但指数量多,比如词语"万水千山",而且还用来形容事物所表现的方面也"很多",比如以下这些词语:

气象万千　qìxiàng wàn qiān
变化万千　biànhuà wàn qiān
思绪万千　sīxù wàn qiān
万紫千红　wàn zǐ qiān hóng

2. 名称谐音图像——橘子 júzi Tangerine

橘子,俗称"桔子",是一种季节性水果。成熟时,它的果皮为红黄色,果肉呈瓣状,口味有酸有甜,气味芬芳可人,含丰富的维生素C,常食有利人的健康。它的种子、橘络与果皮均可入药,是中医止咳化痰的常用药。

把橘子当成药材来治病救人,在中国历史上,还有这样一个传说:西汉时期得道之人苏耽(Sū Dān),在他成仙升天前的那天告诉母亲:家中院子里的井水和橘树上的橘子可以给人治病。第二年,当瘟疫来临时,母亲就按照儿子当时告诉她的方法,用井水和橘子熬成汤药,给得了病的人饮用,果然,饮用过的人都神奇般地好了。等到这场瘟疫结束后,大家看到一条蟠龙从井里飞出,直冲云外。人们相信,这条蟠龙就是苏耽前来拯救患病百姓的化身。从此,"龙蟠橘井"(也叫"橘井泉香")的故事,便流传下来。这里的"橘井",是"橘子"与"井水"的合称。

由于橘子的口味甘甜,在中国的二十四孝故事中,还引发过"陆绩[1]怀橘"(或称"怀橘遗亲")的有名孝道[2]故事。

陆绩,是东汉末年的吴地人,他六岁那年,有一次跟随父亲到当时高居要职的袁术(?—199)家中作客,袁术高兴地用橘子招待陆绩这位小客人。陆绩吃着这口味甘甜的橘子,心里很想也让在家的妈妈尝一尝,于是,便怀揣上了几个橘子准备带回家。不料,在辞退拱手拜谢时,这几个橘子从他的长袖口中滑落出来。袁术见此情景,大为吃惊。经过询问才知陆绩怀揣橘子的原由,是为了孝敬自己的妈妈。袁术听后大为感动,并连连盛赞小陆绩懂得孝敬长辈的这一美德。

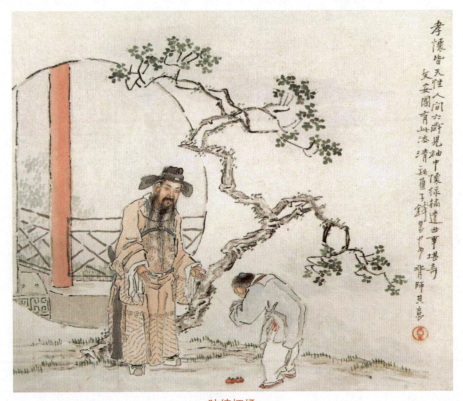

陆绩怀橘

---

1 陆绩(187—219),是中华儒家文化孝道的代表人物,此人博学多识,通晓天文、历算等。
2 孝道,是指孝敬长辈、尊顺父母,历来被中国文化看作是最重要的中华传统美德。

谐音"画"汉字

世界各地凡是有华人生活的地方,每逢中国的农历新年,常会看到"送橘子"的风俗,这又是什么原因呢?原来,"橘子"的"橘"jú与"吉祥"的"吉"jí读音相近,所以,"送橘子"成了"送吉祥"的代言词;"橘子"也成为了华人新年送礼的吉祥物。

由"橘子"引出的谐音字"吉"之谐音作品,举例如下:

(1)"大吉"系列

大吉

从这幅作品的构图中,我们可以看到几只大橘子的谐音图像。其中,"橘子"的"橘"jú与"吉祥"的"吉"jí为同声母异韵母的谐音字;"大橘子"的形态引出"大",组成词语"大吉"dàjí,意思是"愿生活有大吉祥"(May you have lots of good luck)。

第四章 吉 jí

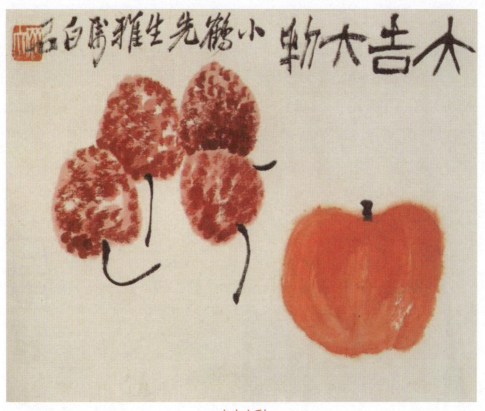

大吉大利

　　从这幅作品的构图中，我们可以看到一只大橘子和几只大荔枝的谐音图像。其中，"橘子"的"橘"jú与"吉祥"的"吉"jí为同声母异韵母的谐音字，"大橘子"的形态引出"大"，组成"大吉"；"荔枝"的"荔"lì与"吉利"的"利"lì为同音异调的谐音字，"大荔枝"的形态引出"大"，组成"大利"，得出词语"大吉大利"dà jí dà lì，意思是"愿君生活吉祥顺利"（May you have lots of good luck and prosperity）。

　　由"大吉"组建的四字格褒义词，汉语常见这些词语：

天下大吉　tiān xià dà jí　　新年大吉　xīnnián dà jí
万事大吉　wàn shì dà jí　　新春大吉　xīnchūn dà jí
开门大吉　kāimén dà jí　　诸事大吉　zhū shì dà jí
开业大吉　kāiyè dà jí

（2）"百世多吉"

从这幅作品的构图中，我们可以看到分放在两个篮子中的柿子与橘子的谐音图像。其中，"柿子"的"柿"shì与"世纪"的"世"shì为同音同调的谐音字，引出"百世"；"橘子"的"橘"jú与"吉祥"的"吉"jí为同声母、异韵母的谐音字，引出"多吉"，组成词语"百世多吉"bǎi shì duō jí，意思是"愿人间永远多吉祥"（A wish to have good luck over hundreds of years）。

百世多吉

这里,表示一百年的"世纪"的"世",还表示"人间,社会"(world, society),比如,以下这些由"世"组成的词语:

世界　shìjiè　　　　世间　shìjiān

世道　shìdào　　　　世风　shìfēng

世故　shìgù　　　　 世人　shìrén

世事　shìshì　　　　世情　shìqíng

世态炎凉　shì tài yán liáng

世上只有妈妈好　shì shàng zhǐyǒu māma hǎo

3. 名称谐音图像——戟　jǐ　Halberd

戟,是中国古代的一种兵器。它是戈与矛的合成体,通常在杆柄的一端装有铁或青铜制成的尖状物,既可横击又可直刺。根据尖状物的数量,分为单戟和双戟;根据杆柄的长短,还可分为长戟和短戟。

吉庆①

局部放大(双戟+磬)

吉庆② 局部放大(单戟+磬)

由"戟"引出的谐音字"吉"之谐音作品,在谐音字画中,常见与另一个古代乐器"磬"(qìng)配对出现,表示"吉庆",举例如下:

从以上两幅作品的构图中,我们可以看到戟与磬的谐音图像。其中,"戟"jǐ与"吉"jí为同音异调的谐音字;"磬"[1] qìng与"庆祝"的"庆"qìng为同音同调的谐音字,组成词语"吉庆"jí qìng,意思是"祝君吉祥好运"(Wishing you have a good luck)。

---

[1] 磬,为中国古代的打击乐器,通常用石、玉等材料制成,形状很像曲尺。参见(2004)《新华字典》彩色版,北京:商务印书馆国际有限公司,第736页。

第四章 吉 jí

吉庆如意

从这幅作品的构图中,我们可以看到一个孩童扛着戟与磬,另一个孩童举着如意的谐音图像。其中,"戟"jǐ与"吉"jí为同音异调的谐音字,"磬"qìng与"庆祝"的"庆"qìng为同音同调的谐音字,组成"吉庆";器物"如意"与"符合心意"的动词"如意"属"一词多义"现象,得出词语"吉庆如意"jí qìng rúyì,意思是"愿君顺心合意、好运常伴"(May you have a good luck as you wish)。

谐音"画"汉字

从以下这幅作品的构图中,我们可以看到一个孩童右手拿着戟,左手拿着磬和鱼的谐音图像。其中,"戟"jǐ与"吉"jí为同音异调的谐音字,"磬"qìng与"庆祝"的"庆"qìng为同音同调的谐音字,组成"吉庆";"鱼"yú与"剩余、结余"的"余"(即"馀"[1])yú为同音同调的谐音字,得出词语"吉庆有馀"jí qìng yǒu yú,意思是"愿君幸福好运、生活富裕"(May your good fortune and happiness be overabundant)。

吉庆有馀

"有余"是典型的汉文化传统思维观念。这种观念认为:凡是生活中吃的用的,都应该"有剩余、有结余",这样,日子才会平平安安地

---

[1] 当"余"、"馀"二字都表示"剩余、结余"之义时,中国书画款题中用"馀"字。

过下去。比如，汉语常用"家有余粮和余钱"，来形容老百姓的生活处于无所忧的状态，即不愁吃、不愁穿、不愁用。借用这一"有余"的思想观念，同样，具有"趋吉"心理的中国人，对人间美好的祝愿，除了前面提过的"百"、"大"、"多"这些修饰语素外，还善用"有余"来组词。比如：

连年有余	lián nián yǒuyú	富贵有余	fùguì yǒuyú
年年有余	nián nián yǒuyú	福庆有余	fú qìng yǒuyú
丰年有余	fēng nián yǒuyú	事事有余	shì shì yǒuyú
温饱有余	wēnbǎo yǒuyú		

4. 动作谐音图像——击 jī to strike

由"击"引出的谐音字"吉"之谐音作品，举例如下：

 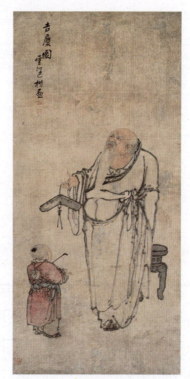

击磬图　　　　　　　　吉庆图

谐音"画"汉字

从上页两幅作品的构图中,我们可以看到左边画作中的老者,左手拿着磬,右手正欲敲击磬的谐音图像;而右边画作中的老者,右手拿着磬,他面前的小孩子正欲敲击老者手中磬的谐音图像。"敲击"的"击"jī与"吉祥"的"吉"jí为同音异调的谐音字;"磬"qìng与"庆贺"的"庆"qìng为同音同调的谐音字,组成词语"吉庆"jí qìng,意思是"祝君吉祥好运"(Wishing you have a good luck)。

"吉庆"的"庆"指可祝贺的事(an occasion or event for celebration),常见的二字格词语有:

喜庆　xǐqìng

国庆　guóqìng

校庆　xiàoqìng

节庆　jiéqìng

庆典　qìngdiǎn

当"庆"用作动词时,常见的词语有:

庆祝　qìngzhù

庆贺　qìnghè

庆功　qìnggōng

普天同庆　pǔ tiān tóng qìng

5. 动作谐音图像——骑 qí riding on

由"骑"引出的谐音字"吉"之谐音作品,举例如下:

从以下作品的构图中,我们可以看到一个孩童正骑坐在大象的背上,左肩上扛着一个如意的谐音图像。其中,"骑"qí与"吉"jí为同韵母异声母的谐音字,"大象"的"象"xiàng与"祥和"的"祥"xiáng为同音异调的谐音字,组成"吉祥";器物名称"如意"与"符合心意"的动词"如意"属"一词多义",得出词语"吉祥如意"jíxiáng rúyì,意思是"愿君幸福好运,生活顺心合意"(May you enjoy good luck as you wish)。

"吉祥"一词,顾名思义,总是与"吉祥文化"紧密相联。在谐音字画中,常见以下这些四字格的吉祥用语:

富贵吉祥　fùguì jíxiáng
百事吉祥　bǎi shì jíxiáng
四季吉祥　sìjì jíxiáng
盛世吉祥　shèng shì jíxiáng
福禄吉祥　fú lù jíxiáng

吉祥如意

"吉"的词语扩展

1. 吉祥　jíxiáng

　　auspicious; lucky

　　吉祥的礼物/说吉祥话/红色,是中国人的吉祥颜色。

2. 吉利　jílì

　　auspicious; lucky

　　吉利的日子/说吉利话/在中国,六、八、九都是吉利的数字。

谐音"画"汉字

3. 吉兆 jízhào

   auspicious /good omen

   这是今年大旱后的第一个春雨,对庄稼的生长与收获可谓吉兆。

4. 吉日 jírì

   auspicious /lucky day

   在中国,新人们总是会为自己的结婚日,精心挑选一个吉日。

5. 吉言 jíyán

   auspicious words; blessing

   逢年过节,中国人喜用吉言美语,为亲朋好友送去幸福的祝愿。

6. 吉星高照 jíxīng gāozhào

   to be blessed by a lucky star

   她坦言自己的一生可谓吉星高照,生活中无论遇到什么困难,总会出现贵人伸手相助。

7. 逢凶化吉 féng xiōng huà jí

   turn bad luck into good luck

   懂得知己知彼的军事家,一定会在险境中逢凶化吉、转败为胜。

故事与传说

吉庆有馀
Jíqìng yǒuyú

传说在中国的汉代,黄河边上住着一位水性极好的贫穷孤儿,叫吉庆,靠当拉船的纤夫为生。每当渡河的客人不慎将东西掉进河里时,他都会轻而易举地帮客人找回来。有客人问:"既然你这么擅长游水,为何不捕捉黄河里的鲤鱼,靠卖鱼为生呢？卖鱼可比当纤夫轻松多了！"吉庆听了,若有所思地摇头反问:"我与黄河的鲤鱼同饮一条水,我们一起生一起长,就像亲兄弟一样,我怎么可以为了自己的利益而去伤害它们呢？"

有一天的早上,吉庆像往常一样来到河边,突然看见一条大水蛇正悄悄地朝着一条嬉耍的红鲤鱼游去。吉庆脑中猛然闪现出昨夜的梦境:"一个身穿红袍的小孩儿向他边跑边喊救命！"于是,吉庆迅速上前将红鲤鱼救起,并把它放进了岸边草棚的水缸里。确保了一切都安全后,吉庆给红鲤鱼喂了些食物,便照常去拉船干活了。

到了太阳西落时,疲惫的吉庆回到了草棚,第一件事就是想看看那条红鲤鱼是否安然无恙。不料,红鲤鱼不见了！放红鲤鱼的那口水缸边,却整整齐齐地摆放着四个金光闪闪的大元宝,每个元宝上还刻有四个字,合起来便是一首诗:"九登禹门,三游洞庭,愧不成龙,来富吉庆。"原来,那条大红鲤鱼,就是我们在"利"字章中讲过的"鲤鱼跳龙门"故事中没有跳过龙门关的黄河鲤鱼呢。

从此,吉庆"救鲤鱼、得元宝"的故事在百姓中流传起来。因"鱼"yú与"馀"yú为一对谐音字,"有鱼"便成了"有馀";男孩子"吉庆"的名字,也从此成为了汉语中吉祥、幸运的代言词(May your good fortune and happiness be overabundant)。

第五章　路 lù

路 小篆　**路** 楷体

路，本义指道路、路径、路途（road, route），后引申为思想、行为的方向与途径（way, means），以及种类等（type, kind）。

汉语常用"走正路"来规劝人们做正确的事。实际上，"走正路，做合理、正确的事"，一直以来是中国儒家积极倡导"义"字的规范标准[1]。中国战国时期的儒家代表人物孟子（前372—前289）说过："义，人之正路也。"意思是说，坚持公正的道理，做正确、合理的事情，就是走正路、讲道义。因此，汉语有了为正义而"义不容辞"、为道义而"义无返顾"的说法；也因此，汉语对做人的可耻行为，有"见利忘义"与"忘恩负义"的措辞评语。

从谐音字画看"路"字的表达，常见两种对应的谐音图像："鹿"与"鹭鸶鸟"。其中，"鹿"lù和"鹭鸶鸟"的"鹭"lù与"道路"的"路"lù为同音同调的谐音字。由此，名词"鹿"与"鹭鸶鸟"成为了谐音字"路"的名

---

[1] "义"、"仁"、"礼"、"智"、"信"合称"五常"，是中国儒家伦理文化的组成部分，用来调整规范君臣、父子、兄弟、夫妇、朋友等社会人伦关系的行为准则。

称谐音图像。

字与图的谐音关系，如图所示：

1. 名称谐音图像——鹿 lù Deer

鹿，是一种哺乳动物，它的四肢细长，尾巴极短，善于奔跑，皮毛多呈黄褐色。背脊两旁排列有像梅花般的白色斑点，这种鹿便叫梅花鹿。梅花鹿中的雄鹿，头顶上长有一对又高又大像分叉的树枝一样的漂亮头角。这头角在未长成硬骨时，叫鹿茸，是极其珍贵的药材，具有强壮身体、抵抗衰老的药用等保健功效。因此，梅花鹿在中国，属重点保护的一级野生动物。

鹿，也是中国民间传说中的长寿动物。传说当鹿活过一千五百岁时，通体还会变成白色。一旦这种白色的鹿出现在人间，便是国泰民安、社会和谐的吉祥之兆。因此，这一体态轻盈、神情安详、奔跑如风的动物，也成为了中华文化祥和与长寿的象征。

由"鹿"引出的谐音字"路"之谐音作品，举例如下：

谐音"画"汉字

(1)"一路富贵"

一路富贵

局部放大

从这幅作品的构图中,我们可以看到一只梅花鹿和一朵硕大的牡丹花的谐音图像。其中,"梅花鹿"的"鹿"lù 与"道路"的"路"lù 为同音同调的谐音字,"一只鹿"即为"一路";牡丹花又称富贵花,取"富贵"二字,组成词语"一路富贵"yí lù fùguì,意思是"愿君一直都富有高贵"(May you enjoy wealth and privilege throughout your life)。

"一路"表示一直、总是(all the time; all the way),常见的四字格词语有:

一路顺风　yí lù shùnfēng　　一路平安　yí lù píngān

一路通畅　yí lù tōngchàn　　一路前行　yí lù qiánxíng

一路高歌　yí lù gāogē　　　一路领先　yí lù lǐngxiān

一路风光　yí lù fēngguāng　一路春风　yí lù chūnfēng

一路走俏　yí lù zǒuqiào

（2）"大路无涯"

大路无涯

从这幅作品的构图中，我们可以看到一大群体态各异的梅花鹿谐音图像。其中，"梅花鹿"的"鹿"lù与"道路"的"路"lù为同音同调的谐音字，引出"大路"，组成词语"大路无涯"dà lù wú yá，意思是"宽广的道路永无止境"（Wishing to make efforts throughout your learning journey）。

中国唐代著名诗人韩愈（768—824）有句治学的名联："书山有路勤为径，学海无涯苦作舟。"意思是说，在学习的道路上，没有什么捷径可以走，也没有什么顺风船可以搭，要想在书山与学海中汲取更多更广的知识，只能靠自己的勤学苦练。此话后来，成为了勉励学子们勤学苦练、勇攀高峰的励志语。

汉字"路"表示通行的道路（road），常见的二字格词语有：

谐音"画"汉字

大路	dàilù	小路	xiǎolù
半路	bànlù	陆路	lùlù
海路	hǎilù	水路	shuǐlù
铁路	tiělù	公路	gōnglù
马路	mǎlù		

2. 名称谐音图像——鹭鸶 lùsī Egret

鹭鸶，又称白鹭，是一种生存在湿地的水鸟，这种水鸟羽毛洁白，头顶部长有一簇向后延伸的细长羽毛。中国山东省济南市的市鸟就是白鹭；黄嘴白鹭，还是中国重点保护的二级野生鸟类。

自古以来，白鹭是中国文人吟咏赞美的对象。唐代诗人杜甫（712—770）的诗句"两个黄鹂鸣翠柳，一行白鹭上青天"[1]，将白鹭纵然展翅、直冲云天、奔赴正路、义无反顾的君子气派，淋漓尽致地描绘在了世人面前。

由"鹭鸶"引出的谐音字"路"之谐音作品，举例如下：

从以下两幅作品的构图中，我们可以看到一只鹭鸶鸟与芙蓉花的谐音图像。其中，"鹭鸶鸟"的"鹭"lù与"道路"的"路"lù为同音同调的谐音字，"一只鹭鸶鸟"引出"一路"；"芙蓉花"的"蓉花"róng huā与"荣华"rónghuá为谐音词，组成词语"一路荣华"yí lù rónghuá和"一路荣华到白头"yí lù rónghuá dào báitóu，意思是"愿君一生拥有华贵与荣耀"（May you enjoy great honors and prosperity throughout your life）。

这里"荣华"的"荣"，其中一个语义指有面子（to save one's face），常见的二字格词语有：

---

[1] 取自《绝句四首（其三）》，全诗为："两个黄鹂鸣翠柳，一行白鹭上青天。窗含西岭千秋雪，门泊东吴万里船。"

第五章 路 lù

荣誉　róngyù　　光荣　guāngróng
荣幸　róngxìng　　虚荣　xūróng
荣获　rónghuò

"荣"的另一个语义指情况好,兴盛(to flourish, to prosper),常见的四字格词语有:

荣华富贵　rónghuá fùguì
繁荣昌盛　fánróng chāngshèng
欣欣向荣　xīn xīn xiàng róng

"荣华与显贵"是中国传统文化的思想观念,它是"走仕途之路"的读书人希望达到的一种生活状态。这种观念认为,对"荣华与显贵"的追求与获得,不但能给自己的人生带来莫大的荣誉,而且还会给父母、家人、亲戚朋友带来荣耀,甚至对远古的祖先们也是一种

一路荣华

一路荣华到白头

谐音"画"汉字

一路清廉①

一路清廉②

局部放大

告慰。可以说这种观念,至今还影响着当代中国的莘莘(shēn)学子。

从以上两幅作品的构图中,我们可以看到一只鹭鸶鸟与莲花的谐音图像。其中,"鹭鸶鸟"的"鹭"lù 与"道路"的"路"lù 为同音同调的谐音字,"一只鹭鸶鸟"即"一路";"莲花"的"莲"lián 与"廉洁"的"廉"lián为同音字,引出"清廉",组成词语"一路清廉"yí lù qīnglián,意思是"愿君一直都保持着清白与廉洁的美德"(May you be honest and upright throughout your life)。

莲花因其"出淤(yū)泥而不染,濯(zhuó)清涟而不妖,中通外直,

第五章 路 lù

不蔓(màn)不枝,香远益清"的高洁品质,赢得了中国宋代哲学家周敦颐(1017—1073)在《爱莲说》中的大加赞誉[1]。因此,在汉语语境中,莲花还有"清廉君子"与"香远益清"的特称。

汉字"廉"表示廉洁(incorruptible),以下这些四字格词语,意思均等同"公正、不贪污受贿"(to be fair and incorruptible):

清正廉洁　qīngzhèng liánjié
清正廉明　qīngzhèng liánmíng
廉洁奉公　liánjié fènggōng
廉明公正　liánmíng gōngzhèng

从下页两幅作品的构图中,我们可以看到一只鹭鸶鸟与莲花、莲棵[2]的谐音图像。其中,"鹭鸶鸟"的"鹭"lù与"道路"的"路"lù为同音同调的谐音字,"一只鹭鸶鸟"引出"一路";"莲花"的"莲"lián与"连续"的"连"lián为同音同调的谐音字,"莲棵"的"棵"kē与"科举"的"科"kē为同音同调的谐音字,组成"连科",得出词语"一路连科"yí lù lián kē,意思是"愿君在科举考试中连续获得成功"(A blessing for one to come out first successively in civil examinations)。

这里的"连科",指的是中国历史上著名的科举考试(imperial examination)。它是中国隋唐到清代时期的朝廷,通过分科考试选拔官吏的一种制度,分有乡试、会试、殿试三个等级。其中,殿试,是科举考试中最高的考试级别。"科"就是考试的等级;"连科",就是连续通过

---

[1] 周敦颐的《爱莲说》原文:"予独爱莲之出淤泥而不染,濯清涟而不妖,中通外直,不蔓不枝,香远益清……莲,花之君子者也……莲之爱,同予者何人?"意思是说:"唯独我喜爱莲花出自于淤泥而不沾染污秽的高洁,它经过清水的洗涤,显得纯净而不妖媚。它内心通达而外形刚直,不像藤蔓四处蔓延,也不像枝干四处纵横。它的香气越远越清香……莲花是花中的君子……与我一样拥有这样爱好莲花的人,这世上还会有几个呢?"请参见周文英(1993)《周敦颐全书》,南昌:江西教育出版社,第274页。
[2] 即莲蓬,指莲花花芯中央的花托部分,形状很像倒立的圆锥体,里面有莲籽。

谐音"画"汉字

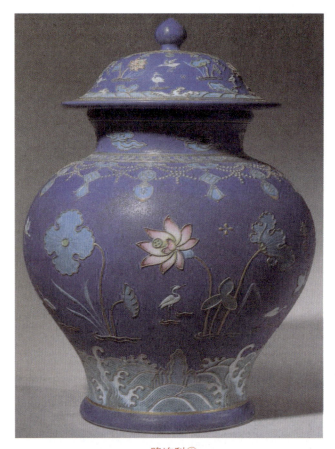

一路连科① 　　　　　　　局部放大

一路连科② 　　　　　　　局部放大

这三个考试的等级。

汉字"科"指课目或业务上的分类（a branch of academic or vocational study），常见的二字格词语有：

学科	xuékē	专科	zhuānkē
文科	wénkē	内科	nèikē
理科	lǐkē	外科	wàikē
本科	běnkē	牙科	yákē

"路"的词语扩展

1. 路子 lùzi

    approach; means; way

    新路子／闯路子／拓宽路子／路子广

2. 思路 sīlù

    way of thoughts

    正确思路／研究思路／发展思路／思路清晰／思路开阔

3. 生路 shēnglù

    means of livelihood; way out

    一条生路／寻求生路／自谋生路

4. 出路 chūlù

    direction; a way-out

    唯一出路／找出路／探讨出路

5. 路线 lùxiàn

    （1）itinerary; route; line

    一条路线／交通路线／旅行路线／公共汽车路线

（2）basic guiding principle

思想路线／群众路线／坚持正确路线

歇后语"雾中追车——路线不明"中的"路线"一词，在这里属"一词多义"现象，它同时包含了两层语义：第一层语义指的是从 A 地到 B 地所经过的道路（route）；第二层语义指的是办事的方针与准则（basic guiding principle）。就是说：由于雾大，无法看清路上的方向，所以走错了路。形容找不到前进的方向，或者迷失了方向。

6. 路不拾遗　lù bù shí yí

no one picks up and pockets anything lost on the street- honesty prevails throughout society

和睦安定的社会风气，使得这个不足十万人生活的岛屿上，出现了路不拾遗、夜不闭户的可喜现象。

7. 路人皆知　lù rén jiē zhī

be known to all; everybody knows

这是一则路人皆知的丑闻，令大家深感痛绝。

8. 半路出家　bàn lù chū jiā

become a monk or nun late one's life; switch to a job that one has not been trained for before

今年的头等大奖，没想到竟然被一位半路出家的画家获得。

第五章　路 lù

故事与传说

路遥知马力，日久见人心
lùyáo zhī mǎlì, rìjiǔ jiàn rénxīn

传说中，路遥与马力是一对好朋友。路遥的父亲是富商，马力的父亲是路遥家的仆人。虽然他们的父辈是主仆关系，但他们二人却相处得很好，常常一起玩耍一起学习一起谈天说梦。

转眼间，到了论婚嫁娶的年龄。一天，一位媒人前来为马力提亲，可是昂贵的婚礼费用却使他犯愁起来，无奈中，只好向家境富裕的好朋友路遥求助，路遥轻松地回答："借钱可以，但我有个条件：就是结婚入洞房的头三天，得由我来替你。"马力刚一听很恼火，但转念一想，总不能因为家穷而光棍一辈子吧。于是，只好屈尊应允了。

结婚的日子到了。马力痛苦地挨过了头三天的婚期，到了第四天天一黑，马力便急急忙忙地进了洞房，钻进了被窝，新娘大惑不解地问道："夫君，为何前三夜你都是通宵读书，今天却这么早就上床睡觉呢？"马力一听，顿时明白了好朋友路遥的善意！原来，他是想以此告诫自己的新婚妻子：马力是位勤于读书、前途无量的好青年。于是，婚后的马力每天都在发奋读书，妻子对此也非常理解并大力支持。终于有一天，马力通过了科举考试，当上了京城的大官。

话又说回来，路遥由于不会守家立业，婚后的日子变得一天不如一天，最后连父亲留下的遗产也被挥霍一空，眼看着全家人无法度日，路遥想起了远在京城当官的好朋友马力，与老婆商量后只身进京去找马力帮忙。马力见到路遥远道而来当然欣喜，大摆酒席热情款待，可等路遥说明了来意后，马力却表现出满不在乎的样子，口里只是反复地说："喝酒！喝酒！"好像根本没听见他的好朋友现在落难一事，路遥心中顿生不快。几天后,马力推说嫂夫人一定牵挂路遥一人在外太久,劝他还是快回家吧。路遥听了既伤心又沮丧,这一趟没有得到好朋友的任何资助,就这样两手空空地回家了。

没等路遥走进家门,便听见家中哭声一片。进门一看,妻子孩子围着一口棺材正在嚎啕大哭。看见路遥回来,全家人立刻停止了哭声,变得又惊又喜。一问缘由,原来马力派人送来棺材,说路遥到京城后得了重病,由于医治无效死了。路遥听后愤怒地上前打开棺材,啊,里面竟是金光闪闪的金银财物!最上层还附着一张纸条,写道:"你让我妻守三天空,我让你妻哭一场空。"路遥顿时明白了马力这段时间对他的良苦用心,于是,反怒为喜,开怀大笑起来。

"路遥知马力,日久见人心"这句俗语是说只有路途遥远,才有可能知道马的力气有多大;只有长时间的生活在一起,才能看出人心的善与恶(The strength of a horse is tested by the distance travelled, and the heart of a person is seen by the passage of time)。

第六章　喜 xǐ

喜 小篆　喜 楷体

喜，指高兴，愉悦，开心，欢乐，爱好（glad, to be happy; to feel delighted; to be fond of; to like）。

"祈求喜事时时降临"，是中国百姓对美好生活的向往与期待。祈喜文化，属中国传统文化的一个重要组成部分，它体现在民俗节日、人生礼仪、升迁得子等社会活动中。在中华文化语境中，"喜事"一词，不仅特指结婚这一人生大事，而且还通用于日常生活中所有值得庆贺的快乐事情，比如生孩子、住新房、亲朋团聚、升学当官、得财丰收等，甚至，对长寿老人无病痛而离开人世，也称喜事，即"红白喜事"中的"白事"。此外，婚后女人怀孕，称作"有喜"；家庭多添了孩子，称作"添喜"；生男孩子，还称"大喜"。

从谐音字画看"喜"字的表达，常见三种对应的谐音图像："喜鹊"、"喜蛛"和"洗"。其中，"喜鹊"和"喜蛛"的"喜"与"喜事"的"喜"为具有谐音关系的同一个字；"洗"xǐ与"欢喜"的"喜"xǐ为同音同调的谐音字。由此,名词"喜鹊"和"喜蛛"成为了谐音字"喜"的名称谐音图像,动词"洗"则成为了谐音字"喜"的动作谐音图像。

字与图的谐音关系,如图所示:

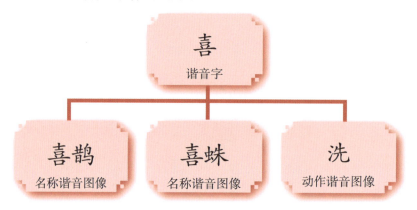

1. 名称谐音图像——喜鹊 xǐquè Magpie

喜鹊,是一种鸟,俗称"鹊",它长有尖尖的嘴和长长的尾巴,肩与腹的羽毛为细腻的白色,其他部分为黑色(有时,还夹杂些幽幽亮丽的藏蓝色)。中国古人认为"鹊"具有感知未来的神异本领,所以,还称它为"神鸟"、"神鹊"。由于喜鹊的叫声高亢喜兴,民间有"只要听到喜鹊欢快的喳喳叫声,就预示着喜事要降临"的说法,因而也有"今朝听声喜,家信必应归"、"今朝鸟鹊喜,欲报凯歌归"的诗句表达。正是如此,喜鹊成为了中国人偏爱的吉祥鸟、喜庆鸟。

传说在中国农历七月初七情人节的这一天,人间所有的喜鹊都会飞到天上的银河,搭起一座鹊桥,让一年只能见上一次面的恩爱夫妻——地上的牛郎与天上的织女相会。"搭鹊桥"由此成了汉语中连结男女姻缘与情缘的代名词。

由"喜鹊"引出的谐音字"喜"之谐音作品,举例如下:

（1）"双喜"系列

从以下两幅作品的构图中,我们可以看到两只喜鹊的谐音图像。其中,由"喜鹊"的"喜"转指"喜事"的"喜";汉语表达"成双成对"的"两只"可用"双"字,"两只喜鹊"即为"双喜"shuāng xǐ,意思是"两件好事同时出现"。或者,组成词语"双喜在望"shuāng xǐ zài wàng,意思是"愿期望中的两件好事同时出现"（May double happiness arrive soon）。

双喜

双喜在望

谐音"画"汉字

四时双喜图

这里的"望"指期待(to expect, to hope);"在望"就是"正在期待中",比如,当形容胜利或成功即将来临时,汉语说"胜利在望"、"成功在望"。由"望"引出的词语有:

期望　qīwàng
希望　xīwàng
愿望　yuànwàng
热望　rèwàng
指望　zhǐwàng
众望所归　zhòng wàng suǒ guī

从这幅作品的构图中,我们可以看到四个柿子和两只喜鹊的谐音图像。其中,"柿子"的"柿"shì与"时节"的"时"shí为同音异调的谐音字,"四个柿子"即为"四时",表示"四个时节",意思等同"四季";由"喜鹊"的"喜"转指"喜事"的"喜",汉语"两只"可用"双"字表达,"两只喜鹊"即为"双喜",组成词语"四时双喜"sì shí shuāng xǐ,意思是"愿一年四季好事都成双"(A blessing that one would have double happiness throughout the year)。

中国百姓不仅期盼好事能够时时降临,而且还希望它们都是"成双成对"地降临。这种"好事成双"的思维观念,在谐音字画中常有体现，比如，以下这些二字格的祝福词语：

双福　shuāng fú　　双寿　shuāng shòu

双安　shuāng ān　　双吉　shuāng jí

双欢　shuāng huān　双馀　shuāng yú

(2)"四喜"

从这幅作品的构图中，我们可以看到四只喜鹊的谐音图像。其中，由"喜鹊"的"喜"转指"喜事"的"喜"；"四只喜鹊"的"四只"引出"四"，组成词语"四喜"sì xǐ，意思是"愿人生的四件喜事常伴左右"（A blessing to enjoy four joyful happiness）。

按照中国传统文化观念，认为最值得开心庆贺的人间喜事起码有四件，它们是：

久旱逢甘雨，
jiǔ hàn féng gān yǔ，
他乡遇故知，
tā xiāng yù gù zhī，
洞房花烛夜，
dòng fáng huā zhú yè，
金榜题名时。
jīn bǎng tí míng shí。

这"四喜"中的第一件喜事指：长

四喜图

喜上眉梢

时间的旱灾后,天忽然下起了大雨,庄稼经过雨水的滋润得以存活,对靠天吃饭的华夏农民来说,就是生活中的"喜雨";"四喜"中的第二件喜事指:在遥远的异国他乡,遇到像老朋友一样的知心好友,可算作人生的"惊喜";"四喜"中的第三件喜事指:在新婚的第一个夜晚,与自己心爱的新娘或新郎共度良宵,可算作人生的"欢喜";"四喜"中的第四件喜事指:经过十几年的读书奋斗,终于有一天看见自己的名字出现在题名榜上,多年的梦想成为了现实,这对每一位读书人而言可谓天大的"喜讯"。

因此,当"四只喜鹊"同时出现在一幅作品的画面上时,特指的画意,总是与中国传统文化中的这"四件喜事"相联。

数目字"四"是偶数,有成双成对之义。以下这些词语,都含"四":

四面八方　sì miàn bā fāng

四通八达　sì tōng bā dá

四平八稳　sì píng bā wěn

四时八节　sì shí bā jié

五湖四海　wǔ hú sì hǎi

四体不勤,五谷不分

　　　　sì tǐ bù qín, wǔ gǔ bù fēn

(3)"喜上眉梢"

从左边这幅作品的构图中,我们可以看到

一只喜鹊飞上梅花树梢的谐音图像。其中,由"喜鹊"的"喜"转指"喜悦"的"喜";借助喜鹊"飞上树枝"的动作引出"上"字;"梅花"的"梅"méi与"眉毛"的"眉"méi为同音同调的谐音字,"梅花树梢"简称"梅梢"méi shāo,与"眉毛末端"的"眉梢"méi shāo为同音同调的谐音词,组成词语"喜上眉梢"xǐ shàng méi shāo,意思是"当人们遇到开心高兴的事情时,喜悦之情会洋溢在眉梢之上"(Your happiness shows at the tip of your eyebrows)。

有意思的是,汉语在表达人的善恶丑俊、喜乐哀伤时,常用"眉毛"的"眉"来组词。比如,下列表格中的这些词语:

褒义词 positive

眉开眼笑	méi kāi yǎn xiào
眉飞色舞	méi fēi sè wǔ
眉目传情	méi mù chuán qíng
眉清目秀	méi qīng mù xiù
慈眉善目	cí méi shàn mù
喜眉笑眼	xǐ méi xiào yǎn

贬义词 negative

愁眉苦脸	chóu méi kǔ liǎn
愁眉不展	chóu méi bù zhǎn
横眉怒目	héng méi nù mù
贼眉鼠眼	zéi méi shǔ yǎn

中性词 neutral

燃眉之急	rán méi zhī jí
迫在眉睫	pò zài méi jié
眉头一皱,计上心来	méitóu yī zhòu, jì shàng xīn lái

谐音"画"汉字

2. 名称谐音图像——喜蛛 xǐzhū Spider

喜蛛,实名蟏蛸(xiāoshāo),是蜘蛛的一个种类,又称"蟢子"。中国民间有这样的说法:见到喜蛛是一种好的征兆,意味着生活中将会有喜事发生。所以,汉语又称喜蛛为"喜虫"。

传说唐朝睿(ruì)宗(662—716)在位时期,外交礼仪官张文成有一天清晨醒来,刚走出卧室,便看见门梁上悬吊着一张蜘蛛网,中间缀着一只硕大的喜蛛,他禁不住开心地喊道:"喜虫,这是喜虫啊!喜虫吊,喜事到!"果然,几天后,皇上颁布诏书,下令大赦天下,并给张文成在内的所有文武百官加薪升职。

"喜蛛从天降,喜事不断来"的说法,从此便流传开来。用喜蛛表达"喜从天降"的谐音题材可谓比比皆是,喜蛛也因此成为了中华文化喜庆、吉祥的象征。

由"喜蛛"引出的谐音字"喜"之谐音作品,举例如下:

(1)"喜从天降"

从这幅作品的构图中,我们可以看到一只喜蛛从天而降的谐音图像。其中,由"喜蛛"的"喜"转指"喜讯、喜事"的"喜";借助画面中喜蛛"从天空降临"的动作,引出"从天降",组成词语"喜从天降"xǐ cóng tiān jiàng,意思是"好事突然降临眼前"(May happiness descend upon you from heaven)。

喜从天降

(2)"福喜偕临"

从这幅作品的构图中,我们可以看到蝙蝠与喜蛛的谐音图像。其中,"蝙蝠"的"蝠"fú与"幸福"的"福"fú为同音同调的谐音字;由"喜蛛"的"喜"转指"喜讯、喜事"的"喜";借助画面中的蝙蝠与喜蛛"同时降临"的动作,引出"偕临",组成词语"福喜偕临"fú xǐ xié lín,意思是"愿幸福与喜悦同时降临"(May good luck and happiness come together)。

细看以上两幅作品,那位带着冠帽的大人物,应该就是民间传说中大名鼎鼎的捉鬼能手钟馗(Kuí)。如果再细看《喜从天降》作品中钟馗的后面,还会发现,紧跟其后的是一位战战兢兢的小鬼。

传说中的钟馗,生活在中国唐朝初期。据说,钟馗的相貌奇丑无比,但却是一个刚正不阿、满腹经纶、才华横溢的才子。在科举考试中,一路获取了乡试中的"解元"、会试中的"会元"连续第一名的优异成绩。正当他春风得意、欲过最后一道"殿试"的"状元"关时,不幸遭遇小人卢杞(Qǐ)的恶毒暗算与人身攻击,竟然因其相貌丑

福喜偕临

谐音"画"汉字

就地见喜图

陋而落选"状元"。钟馗不堪忍受这般屈辱,便一头撞死在了发布考试成绩的大堂堂柱上。此事不料惊动了当朝皇帝,皇帝立即下令赠冠帽红袍以安慰死者的亡灵。钟馗在阴间得知后大为感动。为了表达对皇帝的谢意,他自告奋勇成了阴间捉鬼驱邪、威慑妖魔鬼怪的威武大将。从此,钟馗不但时时保护着皇帝的安危,而且还千方百计地让黎民百姓免受恶鬼小人的侵扰。

由此,钟馗的形象便在中国成了君王百姓的共同保护神,人们视他的出现总会带来公正、安宁与如意。

(3)"就地见喜"

从这幅作品的构图中,我们可以看到地上爬着一只红喜蛛的谐音图像。其中,由"喜蛛"的"喜"转指"喜讯、喜事"的"喜";借助画面中两个人物都"看见"地上红喜蛛的动作,引出"见"字,得出词语"就地见喜" jiù dì jiàn xǐ,意思是"愿君马上看见好事的来临"(May happiness arrive just before your eyes)。

汉字"就"指接近，靠近(to come close to, to move towards)，常见的词语有：

就此　jiùcǐ　　半推半就　bàn tuī bàn jiù
就近　jiùjìn　　就地取材,就地使用　jiùdì qǔcái, jiùdì shǐyòng
就便　jiùbiàn

3. 动作谐音图像——洗 xǐ to wash

由"清洗"引出的谐音字"喜"之谐音作品,举例如下：

喜象①

喜象②

从这两幅作品构图中,我们可以看到两个人正在为一头大象清洗身子的谐音图像。"清洗"的"洗"xǐ 与"欢喜"的"喜"xǐ 为同音同调的谐音字;"大象"的"象"与"景象、气象"的"象"属"一字多义"现象,组成词语"喜象"xǐ xiàng,意思是"愿天下处处新气象"(A wish for a happy phenomenon)。

话说给大象洗澡这一习俗,中国的明、清两代还有一个节日,叫

谐音"画"汉字

"洗象日",是在农历的六月六日。这一天,京城(即北京)的驯象师们都会牵着成群的大象,走出象房,穿过象房胡同,来到护城河给大象们洗澡。当时的洗象仪式,据说非常壮观,气氛如同节日一般。从四面八方汇聚于此的人们,都是为了能观看到这一在当时属稀奇的动物——大象。护城河的岸边搭有很多遮棚,买卖各种吃食杂货,场面可谓熙熙攘攘,热闹非凡。"宣武洗象迎初伏,万骑千车夹水看"、"京师风俗看洗象,玉河清水涓流洁"这些诗句,都是对"洗象日"这一天场面的生动描述。值得一提的是,当时大象走来的那条街还有一个形象的名字,叫"象来街",只是后来这条富含文化典故的街名不再使用[1]。

汉字"象"除了指大象(elephant),还指事物的形状与样子(shape; appearance),常见的词语有:

景象	jǐngxiàng	印象	yìnxiàng
气象	qìxiàng	形象	xíngxiàn
现象	xiànxiàng	万象更新	wàn xiàng gēng xīn

汉语有个典故叫"盲人摸象",说的是几个看不见东西的盲人,想通过用手触摸大象的身躯外形,来辩识大象究竟为何物的故事。

故事里说,这几个盲人,摸到象牙的,会说大象长得像萝卜;摸到耳朵的,会说大象长得像簸箕;摸到象头的,会说大象长得像石头;摸到象腿的,会说大象长得像柱子;摸到尾巴的,会说大象长得像绳子。这些盲人各自描述着自己摸到大象的那部分样子,却没有人愿意好好听取他人的描述,结果每个盲人都以为大象的模样就是自己摸到的那个样子。到最后,大象究竟长着什么样子,谁也不知道。

后来,"盲人摸象"的说法,成了以点代面、以偏概全、在没有全面

---

[1] 北京宣武门外的"象来街"后来被"长椿街西里"的街名所代替。

了解事物真相时乱加定义的贬义词(blind men trying to describe the appearance of an elephant, each mistaking the part he touches for the whole body. Later, this saying especially referring to someone mistakenly taking a part for the whole)。

"喜"的词语扩展

1. 喜笑颜开　xǐ xiào yán kāi

  light up with pleasure

看见自己心爱的宠物,这位老妈妈总是喜笑颜开。

2. 喜形于色　xǐ xíng yú sè

  one's face reveals one's happiness

当获悉自己用心血写成的书籍即将与广大读者见面,这位老者不禁喜形于色,一生的努力终于开花结果。

3. 喜闻乐见　xǐ wén lè jiàn

  love to see and hear

喜闻乐见的题材与作品,一直以来,都倍受广大读者的喜爱。

4. 喜新厌旧　xǐ xīn yàn jiù

  be fond of the new and tired of the old; abandon the old for the new

"扔下手中的玩具去抓新鲜好玩的玩具"这一现象,固然常常表现在孩童身上,但却反映出人类喜新厌旧的天性。

5. 喜出望外　xǐ chū wàng wài

  be overjoyed (at an unexpected good news)

在一家餐厅里,芳芳碰见了自己崇拜的歌星,真是令她喜出望外。

6. 喜结良缘　xǐ jiē liáng yuán

be happily united in marriage

经过九年的相识相知与相爱,这对恋人终于喜结良缘,从今后他们将一起面对人生的酸甜苦辣。

7. 欢天喜地　huān tiān xǐ dì

with boundless joy; overjoyed

歇后语"织女配牛郎——欢天喜地",说的是天上的织女与人间的牛郎,因相亲相爱而结为恩爱夫妻,天地间处处洋溢着欢乐与喜悦的气氛。

故事与传说

囍字由来
xǐ zì yóu lái

在中国的婚礼庆典上,到处可见大红"囍"字。这是将两个"喜"字紧紧地靠在了一起,造出来的一个异体字,意思是"双喜"。

据说,这个"囍"字的产生与中国北宋时期"名高一时,学贯千载"的王安石有关[1]。年轻时的王安石聪明好学,23岁那年,他进京参加科举考试。在途中,经过马家镇的村庄,看见有户叫马员外的人家,门前上挂着一盏走马灯,上面写着一幅对联的上联:"走马灯,灯走马,灯息马停步",原来这家主人正在为自己心爱的女儿招选女婿呢。为了赶考,王安石无暇顾及眼前的这桩喜事,一门心思继续赶路。到了京城考场,由于考前准备充分,王安石下笔如流,顺利通过笔试,进入了面

---

[1] 王安石(1021—1086),字介甫,是中国北宋时期杰出的政治家、思想家、改革家与文学家。

试的最后一关。考官指着考场前的飞虎旗,出了一个下联:"飞虎旗,旗飞虎,旗卷虎藏身",让王安石当场对出它的上联。机灵的王安石此时想起途中所见的招婚上联,便迅速地给出了"走马灯,灯走马,灯息马停步"的上联,结果面试顺利通过。

兴高采烈的王安石,连夜返回到马家镇的马员外家,胸有成竹地将考题上的下联"飞虎旗,旗飞虎,旗卷虎藏身"再次对上了招婚的上联。马员外一家惊喜万分,对王安石出口成章的才华非常满意,王安石则靠机敏的才智一举赢得了这门婚事。正当王安石沉浸在新婚的喜悦之中,又接到自己正式考取状元的通知。"洞房花烛夜,金榜题名时",这人生重要的两件喜事可谓接踵而至,令王安石分外高兴。喜上加喜的他随即写下了一个大大的"囍"字,贴在了自家的前门上,以示家中"双喜临门"(Double happiness arrives at the door)。

从此,在中国婚庆喜贺的场合中,总能看见这样的大"囍"字。"中了状元招驸马——喜上加喜"的歇后语,说的就是"洞房花烛夜,金榜题名时"这两件人生喜事。

第七章　仙 xiān

𠑗 小篆　　仙 楷体

仙，本义指长生不老并升天而去的仙人，后比作超凡脱俗的人或境界（celestial beings in fairy tales, who are immortal and with special powers.）。

"神仙、天仙、仙人"原本都是指中国道教修炼成仙的长生不死者。传说这种人神通广大，变化多端，他们常常化做鱼虫鸟兽，忽而翱翔在蓝天碧空间，忽而嬉戏在河流溪川里，忽而逍遥在古刹名山中；他们吸天地之精气、纳芝草之灵华；他们超凡脱俗，自由幻化，时隐时现，即使出入于人间，也不被世人所识。

有了仙人的传说，自然会让人联想到仙人们畅游居住的仙地与仙境，这种地方总能令人从精神层面上产生如梦似幻、飘飘欲仙的遐想。中国晋代著名的田园诗人兼文学家陶渊明（约365—427）的《桃花源记》，描绘的就是这样一个丰衣足食、和平恬静、人人自得其乐的人间仙境。这种境地，是中国历代文人雅士们的追求与向往，也是中华文化与艺术最喜表现的意境之一。

由于"仙"字含"超凡脱俗"之义，汉语常把在某一领域具有超常技能的人,也配上"仙"字。比如,唐朝诗人李白(701—762),因其酒量超常,而得"酒仙"之名;因其诗才横溢,而得"诗仙"之誉。唐朝书法家李邕(yōng)(678—747),因其书法造诣高超,而得"书中仙手"之称。

从谐音字画看"仙"字的表达,常见两种对应的谐音图像:"仙鹤"与"水仙花"。其中,"仙鹤"和"水仙花"的"仙"与"神仙、仙境"的"仙"为具有谐音关系的同一个字。由此,名词"仙鹤"、"水仙花"成为了谐音字"仙"的名称谐音图像。

字与图的谐音关系,如图所示:

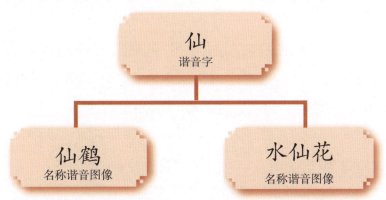

1. 名称谐音图像——仙鹤 xiānhè Red-crowned Crane

鹤,又称仙鹤,其样子轻盈高挑,姿态矜持优雅,翩翩起舞时仙韵十足。仙鹤还叫丹顶鹤,因头顶上有一个鲜红的印记而得其名,"丹"即"红色"。如果仙鹤的全身羽毛都是白色,则称白鹤,是中国一级重点保护的野生动物。

唐代诗人白居易(772—846)《池鹤》诗句"低头乍恐丹砂落,晒翅常疑白雪消"中的"丹砂"与"白雪",指的就是丹顶鹤头顶上的红色印记与洁白羽毛。作者在此托物言志,借助鹤的孤高品格与脱俗风姿,抒发本人不愿意对世俗妥协的傲骨清心。

仙鹤在中华文化语境中,具有以下两种常见的语意功能:

其一,与人的"品格、才能"有关。汉语常把才华出众、品行高尚的人士称为"鹤立鸡群"、"云中仙鹤";把修身洁行的人士称为"鹤鸣之士";把清高脱俗的隐士称为"梅妻鹤子"[1]。

中国明清时期一品文官补服上的装饰图案就是"白鹤"的形象[2]。这是因为仙鹤在中华文化中具有"一品鸟"[3]的象征意义;而中国九品官位中的最高一级也称"一品"[4],白鹤的"品格"与一品文官的"品格"在此相提并论,具有借此明彼的寓意。

其二,与"长生、成仙"有关。词语"鹤寿千年"、"龟鹤齐龄"、"松鹤延年",说的是长生不老之意。由此,"仙鹤"这一图像还成为了贺寿之礼。

此外,汉语对死去的亲人,也常用"驾鹤归仙、鹤驾西天、化鹤"等词语,来表达对亡者的追思之情与祝愿之意。唐朝诗人李白的"故人西辞黄鹤楼"[5]中的"黄鹤楼",说的就是成仙得道之人乘鹤飞向西天的起飞地儿。

由"仙鹤"引出的谐音字"仙"之谐音作品,举例如下:

(1)"神仙富贵"

从以下两幅作品的构图中,我们可以看到仙鹤的谐音图像与牡丹花的象征图像。其中,由"仙鹤"的"仙"转指"神仙"的"仙",牡丹花又称富贵花,取其"富贵"二字,组成词语"神仙富贵"shénxiān fùguì,意

---

[1] 北宋时期(960—1127)有位著名的诗人,叫林逋(967—1024),又称林和靖,他喜爱种植梅花和饲养仙鹤,自称梅花是他的妻子,仙鹤是他的孩子("以梅为妻,以鹤为子"),简称"梅妻鹤子"。后来,汉语用这一指称,来泛指那些不愿卷入世俗之流的清高人士。
[2] 所谓补服,是指中国明清两代的官服。这种官服上因有"补子"的装饰,所以称为补服,也叫"补褂"。
[3] 因为仙鹤是羽族之长,地位仅次于"凤凰",因此,被比作"一人之下,万人之上"的"一品鸟"。
[4] "一品",是中国明清两代文武百官九品官位中最高的级别。身居"一品"官位的人,被说成"一人之下,万人之上"。
[5] 参见李白(701—762)《黄鹤楼送孟浩然之广陵》全诗:"故人西辞黄鹤楼,烟花三月下扬州。孤帆远影碧空尽,唯见长江天际流。"

第七章 仙 xiān

神仙富贵①

神仙富贵②

思是"愿君像神仙般过着富有华贵的不老生活"（A blessing for one to enjoy wealth, privilege and an immortal life）。

除了表示"长生不死者"的"神仙"组词外，"神"还常与"超能力的物象"相联，比如以下这些二字格词语：

谐音"画"汉字

群仙拱寿

神灵	shénlíng
神怪	shénguài
爱神	àishén
天神	tiānshén
鬼神	guǐshén

歇后语"玉皇大帝的客人——个个都是神仙",指的就是那些"能力非凡、超脱尘世"的人物;然而,一旦"老虎坐到了庙堂上——假充神仙",便是讽刺那些庸夫俗子们"想装神仙"的可笑嘴脸。

(2)"群仙拱寿"

从这幅作品的构图中,我们可以看到一位老者骑坐在空中飞翔的鹤背上,地面上站着拱手仰面的一群人。其中,由"仙鹤"的"仙"与一群人的"群"组成"群仙";坐在仙鹤背上的长寿老者引出"寿"字,组成词语"群仙拱寿"qún xiān gǒng shòu,意思是"成群的仙人们前来祝寿"(A lot of immortals are congratulating your birthday)。

这里的"拱",指拱手,是一种表示恭敬的姿势。细看画面上这八位人物的貌相,可以猜定,他们是中国民间家喻户晓的八位仙人——

"八仙"(本章最后有"八仙过海"的传说)。因此,这一作品,还称"八仙祝寿"。

2. 名称谐音图像——水仙 shuǐxiān Narcissus

水仙,又称凌波仙子,是中国传统名花之一,属多年生草本植物。它的叶子呈条形,花瓣为白色,花芯为黄色,有淡淡的香气。

因水仙花多在中国春节前后开放,被看作了一年中好运的开始,所以,中国老百姓常在过春节时,将水仙花摆放在家中以添喜气。水仙花的鳞茎与花瓣还可用作药材,具有清心安神、清热解毒的功效。

由"水仙"引出的谐音字"仙"之谐音作品,举例如下:

(1)"神仙多寿"

从这幅作品的构图中,我们可以看到水仙花的谐音图像与寿石的象征图像。其中,由"水仙花"的"仙"转指"神仙"的"仙";"寿石"具有"长寿"的象征意义,引出"多寿",组成词语"神仙多寿"shénxiān duō shòu,意思是"愿君像神仙般长生不老"(May you enjoy a long life as immortals)。

在"利"字章中我们说过,在"多多益善"的观念作用下,汉语对"好事"喜用"多"字,比如"多福、多寿、多喜、多吉、多利、多子"等。这里的"神仙多寿"一语,同样,也体现出汉文化思维的这一

神仙多寿

谐音"画"汉字

影响,表达出人间凡人对"神仙般的长生不老"之美好向往。

(2)"天仙美人"

从这幅作品的构图中,我们可以看到天竺子、水仙花与梅花的谐音图像。其中,取"天竺子"的"天"与"水仙花"的"仙"组成"天仙";梅花的"梅"méi 与"美丽"的"美"měi 为同音异调的谐音字,引出"美人",组成词语"天仙美人"tiānxiān měirén,意思是"愿君像天上的神仙般年轻美丽"(May you enjoy an everlasting beauty as immortals)。

"天仙"在汉语中除了指"天上的神仙"外,还特指"仙女、美女"(female celestial);如果形容一位年轻美貌的女子,可说"她长得如天仙般美丽",正如歇后语"媒婆夸姑娘——说得像仙女"。此外,仙女也称"仙子";"广寒仙子"的"仙子",指的是传说中住在月亮广寒宫里的嫦娥仙女。

除了形容美女带有"仙"字外,形容女子的姿态与容貌,也常用"仙"字。比如,以下这些由"仙姿"引出的四字格词语:

仙姿玉色　xiān zī yù sè
仙姿玉态　xiān zī yù tài
仙姿丽质　xiān zī lìzhì
仙姿云裳　xiān zī yún shang

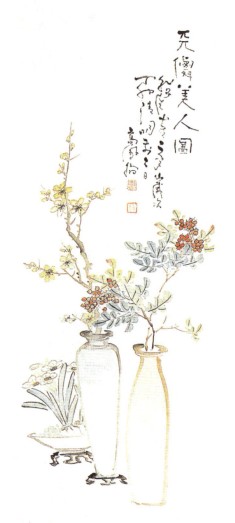

天仙美人图

(3)"群仙祝寿"

从这幅作品的构图中,我们可以看到许多水仙花、竹子和绶带鸟的谐音图像。其中,由许多"水仙花"的"仙"转指"神仙"的"仙",引出"群仙";"竹子"的"竹"zhú与"祝愿"的"祝"zhù为同音异调的谐音字;"绶带鸟"的"绶"shòu与"长寿"的"寿"shòu为同音同调的谐音字,组成"祝寿",得出词语"群仙祝寿"qún xiān zhù shòu,意思是"成群的仙人们都来祝寿"(A lot of immortals are congratulating your birthday)。

群仙祝寿

谐音"画"汉字

群仙拱祝

（4）"群仙拱祝"

从这幅作品的构图中，我们可以看到许多水仙花与天竺子的谐音图像。其中，由许多"水仙花"的"仙"转指"神仙"的"仙"，引出"群仙"；"天竺子"的"竺"zhú与"祝贺"的"祝"zhù同音异调谐音，组成词语"群仙拱祝"qún xiān gǒng zhù，意思是"成群的仙人们都来祝寿"（A lot of immortals are congratulating your birthday）。

"祝"指祝贺；这里的"拱祝"，即为"拱手祝寿"；词语"群仙拱祝"，意思等同"群仙祝寿"。汉字"祝"，通常用于表达美好的愿望（to wish, to bless），常见的词语有：

祝贺　zhùhè

祝愿　zhùyuàn

祝颂　zhùsòng

祝酒词　zhùjiǔcí

祝福你和家人
　　zhùfú nǐ hé jiārén

祝你新年快乐
　　zhù nǐ xīnnián kuàlè

(5)"芝仙祝寿"

从作品构图中,我们可以看到灵芝、水仙花、竹子和绶带鸟的谐音图像。其中,取"灵芝"的"芝"与"水仙花"的"仙"组成"芝仙";"竹子"的"竹"zhú与"祝愿"的"祝"zhù同音异调谐音;"绶带鸟"的"绶"shòu与"长寿"的"寿"shòu同音同调谐音,组成"祝寿",得出词语"芝仙祝寿"zhī xiān zhù shòu,意思是"祝君长寿"(A blessing for longevity)。

这里"芝仙"的"芝"指灵芝,它是一种真菌类的中药材,呈赤褐色或暗紫色,具有滋补养生的功效。中国古人更赋予了它长生不老、起死回生的神效,一直以来视它为仙草。中国四大民间传说之一《白蛇传》中的"盗仙草"一幕,讲述的是"娘子白素贞上山盗回仙草灵芝,救活了晕死过去的丈夫许仙"的感人故事。灵芝,是中华文化祥瑞、长寿以及如意的象征。

芝仙祝寿

谐音"画"汉字

寿相仙风

(6)"寿相仙风"

从作品构图中,我们可以看到水仙花的谐音图像与寿石的象征图像。其中,由"水仙花"的"仙"转指"神仙"的"仙",引出"仙风";由"寿石"的"寿"转指"长寿"的"寿",引出"寿相",组成词语"寿相仙风"shòu xiāng xiān fēng,意思是"愿君像神仙般长生不老"(May you enjoy a long life as immortals)。

这里"寿相"的"相"指样子、形相(appearance, look);"寿相"就是"长寿的样子",由"相"引出的二字格词语有:

面相　miànxiàng

貌相　màoxiàng

长相　zhǎngxiàng

福相　fúxiàng

善相　shànxiāng

恶相　èxiàng

凶相　xiōngxiàng

这里的"仙风"指仙人的风度(sagelike demeanour),常见的四字格词语有:

仙风道骨　xiān fēng dào gǔ

仙风道气　xiān fēng dào qì

仙风道格　xiān fēng dào gé

第七章 仙 xiān

"仙"的词语扩展

1. 仙人 xiānrén

    immortals

    仙人指路

    仙人球/仙人掌/仙人果（分别是三种不同植物的名称）

2. 仙界 xiānjiè

    world of immortals; fairyland

    身居仙界

3. 仙境 xiānjìng

    fairyland; wonderland

    人间仙境

4. 仙山 xiānshān

    mountains inhabited by immortals

    仙山琼阁／仙山琼客

5. 仙品 xiānpǐn

    finest work/finest product; ultimate thing

    画中仙品／茶中仙品/人间仙品

谐音"画"汉字

故事与传说

八仙过海
bā xiān guò hǎi

传说中有八位神通广大的仙人，他们是李铁拐、汉钟离、张果老、何仙姑、蓝采和、吕洞宾、韩湘子、曹国舅。何仙姑是这八位仙人中唯一的女性。八位仙人各自都携有自己的随身法宝，一旦遇到险情，它们便会显示神力，为自己的主人排忧解难，巧渡难关。

一天，这八位仙人结伴前往昆仑山的瑶池，给住在那里的西王母娘娘拜寿。不料，途经东海时，海面巨浪翻滚，形势险恶。吕洞宾当即建议大家，让手中的宝物发挥神奇威力。于是，李铁拐将葫芦、汉钟离将扇子、吕洞宾将宝剑、张果老将渔鼓、蓝采和将花篮、何仙姑将荷花、韩湘子将洞箫、曹国舅将拍板纷纷投入水中，果然，这些宝物在惊涛骇浪中显出各自的神力，帮助各自的主人轻松安然地渡海成功。从此，"八仙过海，各显神通"的说法，便在中华大地上流传开来。

后来，汉语常借用此话，比喻生活中人人都有自己的智慧以及解决问题的办法（Like the Eight Immortals crossing the sea, each may solve the problems with his own intelligence）。

歇后语"八仙过海不用船——自有法度"说的也是这个意思。这里的"法度"二字，巧借了谐音关系，其中，"法度"的"法"与"办法"的"法"为"一字多义"现象；"法度"的"度"dù与"渡海"的"渡"dù为一对谐音字。

第八章 安 ān

安,指平静,安定,安全,没有危险(peace; calm; tranquility; safety; stability and good order)。

安,由宀和女两个部件组成,有室有家为"安"义。远古时期,人们住在荒野洞穴中,经常受到猛兽和恶劣天气的威胁;后来建造房屋,生命与安全才开始有了保障。安字的宀部件,指的是房顶;安字的女部件,指的是房屋里有一个女人。或许没有战争、天下太平、安然无事,女人才有可能安心地在家中居住;或许家中因为有了女人,才会更安宁和睦,才会有个家样儿。

中国首都北京的天安门广场是世界上最大的广场,它的总面积为四十四万平方米,可容纳一百万人举行盛大集会。天安门的"安"有"安定、安稳"之意,它取自中国清朝顺治时期"受命于天、安邦治国"的信仰理念。如今的天安门,已成为中华民族"安定团结"的精神象征;中国国徽上也有天安门的图案。

从谐音字画看"安"字表达,常见两种对应的谐音图像:"鹌鹑"与"安放"。其中,"鹌鹑"的"鹌"ān与"安定、安全"的"安"ān为同音同调的谐音字;"安放"的"安"引出"平安"的"安",属"一字多义"现象。由此,名词"鹌鹑"成为了谐音字"安"的名称谐音图像,动词"安放"则成为了谐音字"安"的动作谐音图像。

字与图的谐音关系,如图所示:

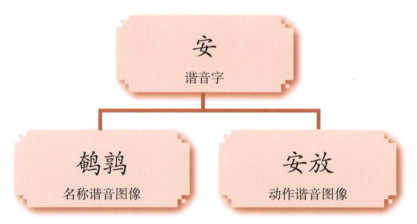

1. 名称谐音图像——鹌鹑 ānchún Quail

鹌鹑,是一种鸟,体长只有160毫米左右,尾巴很短,羽毛呈赤褐色,夹杂有暗黄色条纹,虽有翅膀,但不善飞行。鹌鹑肉和鹌鹑蛋都可以吃,营养价值非常高,有动物"人参"之称。

由"鹌鹑"引出的谐音字"安"之谐音作品,举例如下:

(1)"安居与安乐"系列

从以下三幅作品的构图中,我们可以看到鹌鹑与菊花的谐音图像。其中,"鹌鹑"的"鹌"ān与"安定、安全"的"安"ān为同音同调的谐音字;"菊花"的"菊"jú与"居住"的"居"jū为同音异调的谐音字,组成词语"安居"ānjū,意思是"愿人们安全的居住与安定的生活"(A blessing to live in peace and contentment);因菊花具有清脑明目、延年益寿的保健功效,在中华文化语境中,它还是"延年、长寿"的象征,由

第八章 安 ān

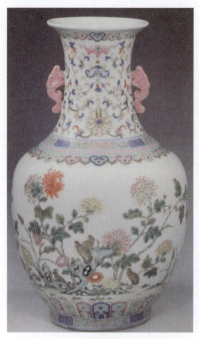

安居

局部放大

安居延寿

安乐延年

谐音"画"汉字

此得出词语"安居延寿"ān jū yán shòu,意思是"愿安定的居住给人们带来健康长寿"(May a peaceful and content living bring you a longer life);此外,"安"字还可组成"安乐",得出词语"安乐延年"ān lè yán nián,意思是"愿安定与快乐的生活给人们带来健康长寿"(May a peaceful and happy living bring you a longer life)。

这里的"安"指平静,稳定(stable, peaceful; stabilize),组成的词语有:

安定	āndìng	安心	ānxīn
安静	ānjìng	安家立业	ān jiā lì yè
安康	ānkāng	安天乐命	ān tiān lè mìng
安然	ānrán	安居乐业	ān jū lè yè
安神	ānshén		

安居乐业是一个成语,它出自中国古代伟大的哲学家老子(约前571—前471)"甘其食,美其服,乐其俗,安其居"[1]的说法。意思是说,在安定的社会环境下,人们愉快地工作、安宁地生活。中国自一九九五年以来,实施了一项具有社会保障性质的住宅建设工程,叫"安居工程",目的是向低收入的城市居民提供廉价的住房;这种住房,叫"安居房"。

这里的"延寿"与"延年"均指延长生命;"延"指拉长(to extend, to prolong),常见的词语有:

延长	yáncháng	蔓延	mànyán
延伸	yánshēn	绵延	miányán
延续	yánxù	延年益寿	yán nián yì shòu

---

[1] 兰喜并(2006)《老子解读》第八十章,北京:中华书局,第269–270页。

(2)"安澜"

安澜图

从这幅作品的构图中,我们可以看到鹌鹑与兰花的谐音图像。其中,"鹌鹑"的"鹌"ān与"安定、安稳"的"安"ān为同音同调的谐音字;"兰花"的"兰"lán与"波澜"的"澜"lán为同音同调的谐音字,组成词语"安澜"ānlán,意思是"愿社会安定、天下太平"(May the world enjoy peace and stability)。

"安澜"本义指河流平静,没有泛滥的现象;"澜"指波浪(waves),常见的四字格词语有:

波澜壮阔　bōlán zhuàngkuò
力挽狂澜　lì wǎn kuáng lán
推波助澜　tuī bō zhù lán

（3）"平安"系列

从这两幅作品的构图中，我们可以看到禾穗与鹌鹑的谐音图像。其中，"禾穗"的"穗"suì 与"岁月"的"岁"suì 为同音同调的谐音字，引出"岁兆"或"岁岁"；"鹌鹑"的"鹌"ān 与"安定"的"安"ān 为同音同调的谐音字，引出"平安"，组成词语"岁兆平安"suì zhào píng'ān，意思是"愿新的一年平平安安"（A blessing for a peaceful new year）；或者，组成词语"岁岁平安"suì suì píng'ān，意思是"愿天下年年月月都太平"（A blessing to enjoy a peaceful time year after year）。

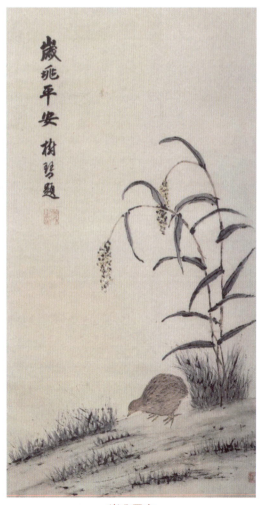

岁兆平安

岁岁平安

第八章 安 ān

这里的"岁"指年(year),组成的二字格词语有:

岁月　suìyuè
岁首　suìshǒu
岁末　suìmò
早岁　zǎosuì
去岁　qùsuì
守岁　shǒusuì

从这幅作品的构图中,我们可以看到两个柿子、苹果和鹌鹑的谐音图像。其中,"柿子"的"柿"shì与"事情"的"事"shì为同音同调的谐音字,"两个柿子"引出重叠词"事事";"苹果"的"苹"píng与"平静"的"平"píng为同音同调的谐音字,"鹌鹑"的"鹌"ān与"安全"的"安"ān为同音同调的谐音字,组成"平安",得出词语"事事平安"shì shì píng'ān,意思是"愿生活中的每一件事情都平和安宁"(May everything go peacefully)。

事事平安

谐音"画"汉字

平安多利

从这幅作品的构图中,我们可以看到苹果、鹌鹑和许多荔枝的谐音图像。其中,"苹果"的"苹"píng与"平和"的"平"píng为同音同调的谐音字,"鹌鹑"的"鹌"ān与"安全"的"安"ān为同音同调的谐音字,组成"平安";"荔枝"的"荔"lì与"吉利"的"利"lì为同音同调的谐音字,"许多荔枝"的"许多"引出"多"字,组成"多利",得出词语"平安多利"píng'ān duō lì,意思是"愿生活安宁平和、吉利多多"(May a peaceful life bring you huge benefits)。

2. 动作谐音图像——安放　ānfàng to place

由"安放"引出的谐音字"安"之谐音作品,举例如下:

从以下三幅作品的构图中,我们可以看到一个共同的图像模式:花瓶里安放着牡丹花。其中,牡丹花又称富贵花,取"富贵"二字;"花瓶"的"瓶"píng与"平和"的"平"píng为同音同调的谐音字,牡丹花"安放"在花瓶里的动作引出"安"字,组成"平安",得出词语"平安富

第八章 安 ān

平安富贵

移富贵於平安

一家富贵自平安

贵" píng ān fùguì、"移富贵於平安"yí fùguì yū píng'ān 和"一家富贵自平安"yì jiā fùguì zì píng'ān,意思是"愿安定的生活能给每个家庭带来富裕与尊贵"（A blessing for wealth, prestige and peace）。

以上这些与"平安"相联的谐音作品,均属谐音字画中的"平安"题材。"平安"是汉语常见的祝福词;"祝你一路平安！"是亲朋好友分手道别时常说的一句话。在中国香港、澳门地区有一种大米叫"平安米",它是在每年农历的七月十五日盂兰节这一天,由慈善机构免费发放给老百姓的米。发放前,法师都会举行仪式诵经祈福,祈求人们在这一年里生活得平平安安。所以,经过了法师祈求平安的祝福之后,这种大米便被称做了"平安米"。

"安"的词语扩展

1. 安步当车　ān bù dāng chē

　　go on foot rather than take a ride

虽然陈小明已是公司的总经理,但他依旧保持着每天上下班安步当车的好习惯。

2. 安分守己　ān fèn shǒu jǐ

　　know one's place and keep one's place

尽管他是个富家公子,却向来安分守己,从不惹是生非。

3. 安身立命　ān shēn lì mìng

　　settle down and get on with one's life

从事教学工作多年的李老师,视教育事业为她的安身立命之本。

4. 安营扎寨　ān yíng zhā zhài

　　pitch a camp; camp

参加野外露营活动,学生们都要学会自己动手安营扎寨。

5. 安如泰山　ān rú tài shān

  be as solid as Mount Tai—be as firm as a rock

敌方虽然进攻得异常猛烈,但我方的阵地却依然安如泰山。

6. 安于现状　ān yú xiàn zhuàng

  be content with things as they are

虽然汉语水平考试已经达到了六级,但要想更好地掌握汉语,就不能安于现状,还要不断地学习。

7. 国泰民安　guó tài mín'ān

  country is prosperous and people live in peace

祝愿祖国国泰民安,祝愿世界和平昌盛!

成语典故

居安思危
jū ān sī wēi

  公元前562年的春秋时期,诸侯纷争,天下大乱。郑国为独霸天下,挑起战火,于是,以晋国为首的十二个诸侯国联合反击,最终将郑国打败。按照当时的规定,战败国要向战胜国进贡。当然,战败的郑国也向晋国提供了大量的贡品。

  为了感谢为晋国立下汗马功劳的大臣魏绛,晋国国王晋悼公决定赐予他其中的一部分贡品。魏绛得知后坦诚地辞谢,并说道:"国家取得了成就,是国王您治国有方,是各位大臣尽职的结果,我的微薄之力算不了什么。"同时,魏绛还引用了《尚书》的"居安思危,思则有备,有备无患",来劝说国王即使目前已经取得了胜利,处于安宁的环境中,但也要懂得未雨绸缪(chóu móu),要时时提高警惕,积极屯粮练兵,

谐音"画"汉字

要有保家卫国的意识,以便时时提防可能出现的种种危难。国王晋悼公听了魏绛这番肺腑之言,深感言之有理,于是,将"居安思危"这句话定为了治国保家的重要策略,并在治国过程中努力践行。

由于长久以来拥有这样的忧患意识,最终,晋悼公成为了中国春秋时期一位杰出英明的国君。

"居安思危"这个成语告诉人们:虽然眼前处于安宁的居住环境,但思想上也要有防范意识,随时警惕有可能出现的各种危难(One should be mindful of possible danger even in times of peace)。

第九章 清 qīng

清 小篆　清 楷体

清,本义指纯净、透明、无杂质(limpid, pure and clean),后引申为安静,单纯,品行高洁,思想透彻,明理等(quiet; pure; fair, honest and upright)。

"清"多用于褒义。比如,把不被世俗之事拖累、享受安静的日子,称为"清福";把高洁脱俗的人品,称为"清高";把安定太平的社会风貌,称为"清平世界";把正直清白的官员,称为"清官"。"清净无为"与"无为而治",是中国道家推崇的一种处世态度与政治思想,认为恬淡虚无、平静通达、顺从自然,应是人生处世与治理国家的最高境界。

从谐音字画看"清"字的表达,常见三种对应的谐音图像:"蜻蜓"、"青白菜"与"青色"。其中,"蜻蜓"的"蜻"qīng、"青白菜"的"青"qīng、"青色"的"青"qīng 与"清静、清白"的"清"qīng 均为同音同调的谐音字。由此,名词"蜻蜓"和"青白菜"成为了谐音字"清"的名称谐音图像,"青色"则成为了谐音字"清"的颜色谐音图像。

谐音"画"汉字

字与图的谐音关系，如图所示：

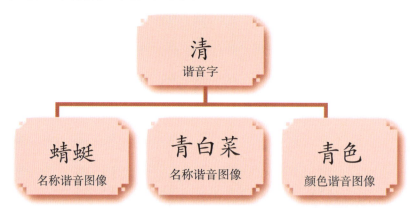

1. 名称谐音图像——蜻蜓 qīngtíng Dragonfly

蜻蜓，是一种昆虫，它身体细长，有两对四片透明的大翅膀，可以飞得很高，主要捕食蚊子等小飞虫，是人类的益虫。

雌性蜻蜓在产卵时，是通过尾部触及水面，将卵安全地产在水里。这种用尾部在水面上轻轻一点的动作，汉语叫"蜻蜓点水"。有趣的是，这一说法在汉语语境中却常带有贬义，用来形容一个人做事肤浅，不求甚解。

由"蜻蜓"引出的谐音字"清"之谐音作品，举例如下：

（1）"事事清高"

从这幅作品的构图中，我们可以看到柿子与蜻蜓的谐音图像。其中，"柿子"的"柿"shì与"事情"的"事"shì为同音同调的谐音字，引出重叠词"事事"；"蜻蜓"的"蜻"qīng与"清"qīng为同音同调的谐音字，由蜻蜓在画面上所处的"最高处"引出"高"字，组成"清高"，得出

事事清高

第九章 清 qīng

词语"事事清高"[1] shì shì qīnggāo,意思是"愿君保持高洁超脱的处事心态"(A moral reminder for a person of integrity)。

"清高"一词指品德高尚,不同流合污(morally lofty or upright),常见的四字格词语有:

清高本色　qīnggāo běnsè
清高淡泊　qīnggāo dànbó
清高雅士　qīnggāo yǎshì
清高气息　qīnggāo qìxī
秉性清高　bǐngxìng qīnggāo

(2) "清乐何如"

从这幅作品的构图中,我们可以看到蜻蜓的谐音图像。其中,"蜻蜓"的"蜻"qīng与"清静"的"清"qīng为同音同调的谐音字,引出"清乐",组成词语"清乐何如"qīng lè hé rú,意思是"愿人们能过上清静安逸的快乐生活"(May you enjoy a simple and joyful life)。

这里的"何如"是反问语气,起到的是对"清静安乐"生活态度上的一种积极肯定。

"清乐"的"清"指干净、单纯(clean, pure),常见的二字格词语有:

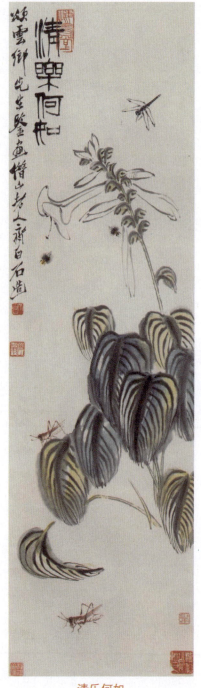

清乐何如

---

[1] 该作品的完整款题应为"事事清高　菊酒延年　蟠桃长寿"。其中,菊花与寿酒是延年的象征图像,蟠桃是长寿的象征图像。

清净	qīngjìng	清心	qīngxīn
清静	qīngjìng	清纯	qīngchún
清爽	qīngshuǎng	清闲	qīngxián
清新	qīngxīn	清香	qīngxiāng

2. 名称谐音图像——青白菜 qīngbáicài Green Chinese Cabbage

清白

青白菜，是一种生长在中国北方的大众蔬菜，也是北方百姓秋冬季最常食用的看家菜。它长有宽大的绿色菜叶和白色菜帮，有"白菜"、"大白菜"、"北京青白"等名称，享有"菜中之王"的美誉。青白菜不仅仅价廉味美，而且还具有清心败火、利尿通便、滋养脾胃的食疗保健作用，所以，中国民间流行有"鱼生火，肉生痰，白菜豆腐保平安"的说法。

由"青白菜"引出的谐音字"清"之谐音作品，举例如下：

从左图作品的构图中，我们可以看到一棵青白菜的谐音图像。其中，"青白菜"的"青白"qīngbái与"清白"qīngbái为同音同调的谐音词，词语"清白"，意思是"愿君正直廉洁、干干净净"（A moral reminder to be stainless and incorruptible）。

从下页右边作品的构图中，我们可以看到六棵青白菜的谐音图像。其中，"青白菜"的"青白"qīngbái与"清白"qīngbái为同音同调的谐音词；画面中那错落有致、层叠排放的六棵青白菜，似有"代代相传"的意象，组成词语"清白传家"

第九章 清 qīng

qīngbái chuán jiā,意思是"愿正直廉洁的美德成为每一个家庭的传家宝"(Wishing a family to run on the principle of remaining uncorrupted)。

从下面《事事清白》作品的构图中,我们可以看到一棵青白菜与两个柿子的谐音图像。其中,"青白菜"的"青白"qīngbái 与"清白"qīngbái 为同音同调的谐音词;"柿子"的"柿"shì 与"事情"的"事"shì 为同音同调的谐音字,两个柿子引出重叠词"事事",组成词语"事事清白"shìshì qīngbái,意思是"愿每一件事情都光明磊落、干干净净"(A moral reminder to be stainless and incorruptible in every matter)。

"清白"常用来形容人的品行光明磊落、没有什么不道德的行为(pure, clean, stainless, spotless);歇后语"清水煮白菜——一清二白",说的就是这一品行。由"清白"引出的四字格词语有:

事事清白

清白传家图

179

清白做人　qīngbái zuò rén

清白人家　qīngbái rén jiā

清白无暇　qīngbái wú xiá

清白无罪　qīngbái wú zuì

历史清白　lìshǐ qīngbái

3. 颜色谐音图像——青色 qīngsè Cyan

青色,在汉语语境中,至少指绿色、蓝色(或深蓝色)和黑色(或黑中隐绿色)这三种颜色。"青苹果"、"青草"、"青白菜"、"青椒"、"青山绿水"中的"青",指的是绿色;"青天",指的是蓝色的天空;"青,取之于蓝而青于蓝"(《荀子·劝学》)中的"青",指的是深蓝色;"青布裤子"中的"青",指的是黑色(或黑中隐绿色)。此外,天上的彩虹,有赤、橙、黄、绿、青、蓝、紫"七色";中国的五行,有青、赤、黄、白、黑"五色",这些颜色中也都含有青色。

"青"指黑色,汉语还有这样一个典故。三国时期(220—280),有位文人叫阮籍(210—263),据说他会用青眼和白眼两种不同的眼色看人。青眼,也叫青睐,指黑眼珠在眼球的中间,是一种正面平视他人的表现;白眼,指黑眼珠朝上或朝旁边看,显露出眼球中白色的部分,是一种看不起他人的表现。每当阮籍听到称赞他的话时,便会用青眼看对方,表示对眼前人的重视与接纳;每当阮籍听到批评他的话时,便会用白眼看对方,表示对眼前人的轻视与反对。

由"青色"引出的谐音字"清"之谐音作品,举例如下:

(1)"清平"系列

从这幅作品的构图中,我们可以看到青色的花瓶中插着硕大墨黑色牡丹花的谐音图像。其中,"青色"的"青"qīng 与"清静"的"清"qīng 为同音同调的谐音字;"花瓶"的"瓶"píng 与"平静"的"平"píng 为同音同调的谐音字,组成"清平",意思是"太平";牡丹花又称富贵花,取"富贵"二字,得出词语"清平富贵"qīngpíng fùguì,意思是"愿天下太平,人民生活富裕"(A blessing to have a peaceful and wealthy life)。

从下页作品的构图中,我们可以看到一只蝙蝠正朝着一尊青色瓶子飞来的谐音图像。其中,"青色"的"青"qīng 与"清静"的"清"qīng 为同音同调的谐音字,"瓶子"的"瓶"píng 与"平静"的"平"píng 为同音同调的谐音字,组成"清平";"蝙蝠"的"蝠"fú 与

清平富贵

谐音"画"汉字

清平福来

"幸福"的"福"fú 为同音同调的谐音字;蝙蝠正朝青色瓶子"飞来"的动作,引出"来"字,组成"福来",得出词语"清平福来"qīngpíng fú lái,意思是"祈盼太平幸福的日子早日来临"(May good fortune come your way in the peaceful time)。

"清平"一词表示太平(peaceful),由"清平"引出的四字格词语有:

清平世界
qīngpíng shìjiè
清平盛世
qīngpíng shèngshì
清平人生
qīngpíng rénshēng

(2)"河清海晏"

河清海晏

局部放大

从这幅作品的构图中,我们可以看到荷花花瓣、青色罐体以及海燕的谐音图像。其中,"荷花花瓣"的"荷"hé与"河水"的"河"hé为同音同调的谐音字,"青色"的"青"qīng与"清澈"的"清"qīng为同音同调的谐音字,组成"河清",意思是"黄河的水变清了";"海燕"hǎiyàn与"海晏"hǎi yàn为同音同调的谐音词,"晏"有平静安宁的意思,"海晏"的意思是指"大海变平静了",组成词语"河清海晏"hé qīng hǎi yàn,意思是"愿天下太平没有战乱"(A wish for a peaceful world)。

为什么汉语将"黄河的水变清"用作祝颂语呢？原来位于中国北方的黄河(the Yellow River),它的中下游河水含沙量极大,河水总是浑浊不清,有"一碗河水半碗沙"的形象比喻。因此,古人将黄河水变清视做百年不遇、千年等一回的盛事,来加以称颂。

反过来,如果让一个人跳进浑浊不清的黄河之水,想想看,能否洗干净身上的污垢呢？所以,汉语还有"跳进黄河——洗不清"的歇后语。不过，借用此语，人们更多的场合是用来形容一个人无论怎么解释，都无法摆脱别人对他嫌疑的不利境遇（It is impossible to prove oneself innocent）。

"清"的词语扩展

1. 清晨 qīngchén

   early morning

   在清晨/雨后清晨/清晨的新鲜空气

2. 清早 qīngzǎo

   early morning

   一清早/大清早

3. 清水 qīngshuǐ

   clear water

   一碗清水/一湖清水/一条清清的河水

4. 清风 qīngfēng

   cool breeze

   清风明月/清风劲节/清风两袖

5. 清秋 qīngqiū

   clear autumn air (esp. in late autumn)

   清秋时节 / 清秋景象

6. 清歌妙舞 qīng gē miào wǔ

   mellow singing and graceful dancing

   伴随着音乐的响起，舞台上开始了一场清歌妙舞的表演。

7. 清茶淡饭 **qīng chá dàn fàn**

  pure tea and simple food, referring to a simple life
  这位老画家,一向过着清茶淡饭的日子。

8. 清官难断家务事 **qīngguān nán duàn jiāwùshì**

  even a just official finds it hard to settle family disputes

如果说家庭内最难相处的关系是婆媳之间,那么,这种关系一旦出现问题,再公正无私的法官也难说清楚谁是谁非,这就叫"清官难断家务事"。

习俗与传说

清明为何扫墓
Qīngmíng wèi hé sǎomù

  清明,是中国农历二十四个节气之一。这个节气最早与农业生产有关,它在公历每年4月4日与6日之间的一天。这一天,也是中国最重要的传统祭祀日,叫清明节。为什么"清明"这个与农业生产有关的节气,后来又成为了一个祭祀死者的节日呢?这应与两千五百多年前的另一个祭祀日"寒食节"有关。

  春秋时期,晋国国君晋文公(前697—前628),名重耳(Chóng Ěr),曾有过一段颠簸流离艰辛异常的岁月,幸好身边有好友介之推[1]的尽心陪伴。据说,介之推为了晋文公在断粮数日后能继续生存下去,甚至还将自己腿上的肉割下来,使其充饥活命。

  后来,晋文公当上了晋国国君,决定奖赏身边的有功之臣,当然也

---

[1] 中国春秋时期(前770—前476)人,生年不详,卒于晋文公元年(前636),另有"介子推、介推、介子"等称呼。

包括介之推。介之推对此却深感不当,他认为忠孝国君是大臣应尽的职责,是自然而然的事,根本没必要对此大加奖赏。他把这个想法告诉了君王,并坚持不接受国君的奖赏。但君王却依然我行我素,把介之推的忠言当成了耳旁风,不以为然。为了表达自己的坚持与不满,介之推背上年迈的老母亲住进了深山,过起了清贫隐居的生活。过了一段时间,晋文公终于看清了那些邀功请赏昏臣庸君的丑恶嘴脸,明白了自己重用这些贪图私利市侩小人的错误,更为介之推的效忠国君、赤胆报国、不谋私利的行为而感动。于是,晋文公下令取消错误的奖赏,重设奖罚制度,并差人迅速进山,恳请介之推回到自己的身边。可是,派去的人找遍了深山老林,却未找到介之推母子两人。性急之下,晋文公下令放火烧山,想以此将介之推逼出山来。万万没想到,三天三夜的大火竟将介之推母子俩活活烧死在了一棵大树下。

为此,晋文公悔恨交加、悲痛欲绝。为了纪念忠诚的好友介之推,晋文公下令自点火烧山的那一日起的三天内,年年都不许点火。而不能点火做饭的这三天,当然只能吃冷食冷饭了,于是,便有了"寒食节"。从此,晋文公在每一年的这个日子,都坚持上山给这位忠臣扫墓祭奠。恰巧的是,寒食节正好在清明的前一天。渐渐地,扫墓风俗便固定在了清明这一天。所以清明这一天,成为了祭祀扫墓的清明节(Pure Brightness Festival is also called Tomb Sweeping Day)。

古 诗

清明　　　　　　　Qīngmíng
（唐）杜牧[1]　　　　　（Táng）Dù Mù

清明时节雨纷纷，　　qīngmíng shíjié yǔfēnfēn,
路上行人欲断魂。　　lùshang xíngrén yù duànhún。
借问酒家何处有？　　jiè wèn jiǔjiā héchù yǒu?
牧童遥指杏花村。　　mùtóng yáo zhǐ xìnghuācūn。

The Day of Mourning For The Dead[2]
Du Mu(803—852)
Tang Dynasty

The day of mourning for the dead it's raining hard;

My heart is broken on my way to the graveyard.

Where can I find a wineshop to drown my sad hours?

A herdboy points to a cot amid apricot flowers

---

1 杜牧(803—约852)，字牧之，中国唐代著名的诗人，著有《樊川文集》。
2 英译文，选自许渊冲(2004)《中国古诗精品三百首》，北京：北京大学出版社。

第十章　年 nián

年 小篆　　年 楷体

年，本义指农作物的收成(harvest)，后引申为岁月、年代、年龄等(year; time; person's age)。

中国古代中原地区的先民们，把粮食谷物从播种到成熟收获视为一年一次的事，因此"年"有了表达时间的概念。当旧的一年即将过去、新的一年就要来临之时，先民们往往要红红火火地庆贺一番，希望过一个热热闹闹的丰收节，于是，这个"节"便成了一年一度最热闹最隆重的节日，叫"春节"[1]，也叫中国的"新年"。春节的前一个晚上是除夕夜，又叫"大年三十"；大年三十晚上吃的饭，叫"年饭"；从大年三十一直熬到第二天的春节（正月初一），人们是不睡觉的，这个习俗叫"过年"；过年期间，人们相互问候、彼此祝福，叫"拜年"；这期间吃的用的东西，叫"年货"；墙上挂的画儿，还叫"年画"。

---

[1] 春节指农历正月初一，它与清明节、端午节、中秋节一并成为了当今中国的四大传统节日。

从谐音字画看"年"字的表达,常见两种对应的谐音图像:"鲇鱼"和"万年青"。其中,"鲇鱼"的"鲇"nián与"年岁"的"年"nián为同音同调的谐音字;"万年青"的"万年"与"一万年"的"万年",或者"万年青"的"年"与"每一年"的"年",均为具有谐音关系的同一个词或同一个字。由此,名词"鲇鱼"和"万年青"成为了谐音字"年"的名称谐音图像。

字与图的谐音关系,如图所示:

1. 名称谐音图像——鲇鱼(即"鲶鱼")niányú Catfish

鲇鱼,是一种鱼,以细长的体型和两对一长一短的须子为鲜明特征,在河湖池沼等处靠捕食小鱼、小虾、贝类等为生。鲇鱼的肉鲜美细腻,营养丰富,有很高的食疗价值。

由于鲇鱼的身体表面多黏液niányè,没有一般鱼身上的鳞lín片,所以,可以设想一下:让一条滑溜溜的鲇鱼爬上光滑滑的竹竿顶端,这种滑上加滑的难度该会多大!因此,汉语在形容面对一件非常棘手的难事时,常会用"鲇鱼上竹竿"来形容。

由"鲇鱼"引出的谐音字"年"之谐音作品,举例如下:

（1）"百年和合"

百年和合

从这幅作品的构图中,我们可以看到两只百合、一条鲇鱼、一朵荷花和一束禾穗的谐音图像。其中,"百合"的"百"转指"一百"的"百","鲇鱼"的"鲇" nián 与"年月"的"年" nián 为同音同调的谐音字,组成"百年";"荷花"的"荷" hé 与"禾穗"的"禾" hé 引出谐音词"和合" hé hé,得出词语"百年和合" bǎinián hé hé,意思是"愿生活永远安定和睦"（A blessing for an everlasting harmony）。

汉语"和合"表示"和睦、融洽",中国民间还有一个与"和合"有关的感人故事：

很久以前,中国北方的一个偏远村庄里,住着一对形影不离的好朋友,一个叫拾得,一个叫寒山。他们二人整天一起玩耍一起耕作,不知不觉,日子到了谈婚论嫁的年龄。没想到的,两个男孩子同时爱上

第十章　年 nián

了一位漂亮姑娘。最后,姑娘答应嫁给了拾得。

拾得结婚的那天,寒山伤心至极,他觉得自己不仅失去了那位好姑娘,更失去了从小一起长大的好朋友拾得。于是,便悄然离开了家乡,远赴南方的苏州枫桥削发为僧了。拾得获悉此事,万分愧疚,夜夜思念好友寒山。经过再三思虑,拾得毅然决然地告别新娘,走出了婚姻家门,直奔苏州去找他的好友寒山。到了苏州枫桥之地,拾得终于打听到寒山的下落。于是,在枫桥河畔盛开的荷花丛中,拾得挑选了一枝最端庄最洁净的荷花作为与寒山相见的见面礼。寒山见拾得风尘仆仆捧荷而至,万分感动,连忙捧出饭盒欣喜相迎。两位好友再度重逢,喜极而泣,说好从此再也不离不弃。于是,他们在枫桥开山立庙,取名为寒山寺,并在寺院里过起了超凡脱俗神仙般的日子。据说苏州寒山寺里,至今还保留着拾得与寒山喜相逢这一刻的石刻画像。

由于拾得与寒山手中各自持有的标识物为"荷花"与"饭盒",所以,百姓们称他们二人为"荷盒二仙",其中,"荷"hé与"和"hé、"盒"hé与"合"hé各为一对谐音字,由此又称"和合二仙"。后来,为了颂扬寒山与拾得视友爱与和

和合二仙

191

谐音"画"汉字

睦高于一切的宝贵精神,清朝雍正皇帝于1733年还亲自册封拾得、寒山为"和合二圣"。

汉语后来常借用"和合二仙"这一典故,来形容人与人之间相处得和谐与和睦(Two immortals live in harmony)。

(2)"年年富贵"

从这幅作品的构图中,我们可以看到两条鲇鱼的谐音图像以及两朵牡丹花的象征图像。其中,"鲇鱼"的"鲇"nián 与"年月"的"年"nián 为同音同调的谐音字,"两条鲇鱼"引出重叠词"年年";牡丹花又称富贵花,取"富贵"二字,组成词语"年年富贵"nián nián fùguì,意思是"愿人们每一年都拥有华贵富裕的生活"(A blessing for a wealthy life year after year)。

当"年"表示时间概念时(year),常见的词语有:

今年　　jīnnián
年中　　niánzhōng

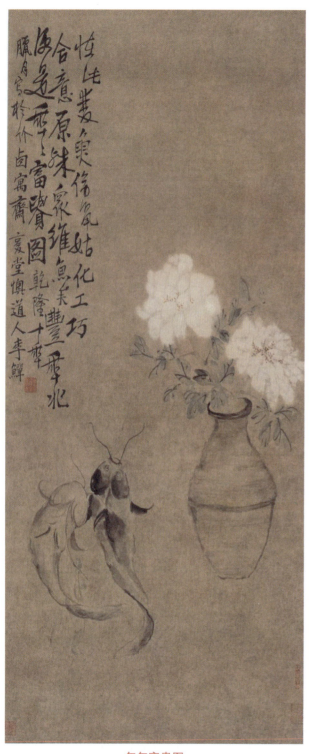

年年富贵图

年尾　　niánwěi

年历　　niánlì

年年岁岁　nián nián suì suì

年复一年　nián fù yì nián

三年五载　sān nián wǔ zǎi

(3)"长年"系列

汉字"长",既表示物体的形状(long),比如"狭长、细长、长方形"等,又表示时间上的久远(long duration, lasting),比如"长久、长期、长命、长寿"等。以下"长年"系列的谐音作品,都是借用了一种物体形状上的"长",来表达时间概念上的"长久"。

从这幅作品的构图中,我们可以看到一条长鲇鱼的谐音图像。其中,"鲇鱼"的"鲇"nián 与"年月"的"年"nián 为同音同调的谐音字;"长鲇鱼"引出"长"字,组成词语"长年"chángnián,意思是"祝君长寿"(A blessing for longevity)。

长年

谐音"画"汉字

长年大寿

长年大贵

上图中,我们可以看到一条长鲇鱼的谐音图像和一只厚墩墩大乌龟的象征图像。其中,"鲇鱼"的"鲇"nián 与"年月"的"年"nián 为同音同调的谐音字,"长鲇鱼"引出"长"字,组成词语"长年";"乌龟"即"龟",是中华"四灵"[1]传说中唯一现世可见的爬行动物,在中华文化语境中是长寿的象征,"厚墩墩的大乌龟"这一浑重的样子可引出"大寿",组成词语"长年大寿"cháng nián dà shòu,意思是"祝君永远健康长寿"(A blessing for longevity)。

在左图中,我们可以看到一条长鲇鱼和一条大鳜(guì)鱼的谐音图像。其中,"鲇鱼"的"鲇"nián 与"年月"的"年"nián 为同音同调的谐音字,"长鲇鱼"引出"长"字,组成词语"长年";"鳜鱼"的"鳜"guì 与"富贵"的

---

[1] 龙、凤、龟、麟是中国传说中最早的"四灵"吉祥物。这里的"灵",指的是这四种动物身上具有的神灵特性。现在只有"龟"是我们肉眼能见到的现存动物。

"贵"guì 为同音同调的谐音字,"大鳜鱼"引出"大"字,组成"大贵",得出词语"长年大贵"cháng nián dà guì,意思是"愿君永远富足显贵"(A blessing for a long and honored life)。

汉字"贵"表示地位高、且优越(of high rank, noble),常见的词语有:

贵宾　guìbīn

贵客　guìkè

贵人　guìrén

贵权　guìquán

高贵　gāoguì

华贵　huáguì

显贵　xiǎnguì

荣华富贵　rónghuá fùguì

从这幅作品的构图中,我们可以看到一条长鲇鱼和一大串荔枝的谐音图像。其中,"鲇鱼"的"鲇"nián 与"年月"的"年"nián 为同音同调的谐音字,"长鲇鱼"谐"长年";"荔枝"的"荔"lì 与"吉利"的"利"lì 为同音同调的谐音字,"一大串荔枝"引出"大"字,组成"大利",得出词语"长年大利"chángnián dà lì,意思是"愿君生活永远吉利"(A blessing for good fortune in life)。

长年大利

谐音"画"汉字

2. 名称谐音图像——万年青 wànniánqīng

(Rhodea Japonica, the Chinese evergreen plant, literally means "green for ten thousand years".)

万年青,是一种多年生常绿草本植物,它的叶子形状呈披针形或带形;它的果实是橘红色或黄色;它的根、茎、叶、花,都可用作药材。

由于万年青的叶片饱满均整,花朵端庄秀美,外观上给人以高贵沉静、挺拔大气的美感,显示出尊贵典雅的气派,所以,清代园艺学家陈淏(Hào)子(1612—?),在他园艺学专著《花镜》里就称万年青这一植物,是"一切喜事无不用之"的吉祥物。

由"万年青"引出的谐音字"万年"之谐音作品,举例如下:

从这幅作品的构图中,我们可以看到万年青、百合、柿子与如意的谐音图像以及牡丹花的象征图像。其中,由"万年青"的"万年"转指"一万年"的"万年",牡丹花又称富贵花,取"富贵"二字,组成词语"万年富贵";由"百合"的"百"引出"一百"的"百","柿子"的"柿"shì与"事情"的"事"shì为同音同调的谐音字,器物"如意"与表达"符合心意"的动词"如意"属"一词多义"现象,组成词语"百事如意",得出词语"万年富贵,百事如意"

万年富贵 百事如意

wànnián fùguì, bǎi shì rúyì,意思是"愿生活永远富有高贵,样样事情都顺心合意"(A blessing for an everlasting wealth, prestige and a smooth life)。

"万年"的"万"表示久远(everlasting),常见的四字格词语有:

万古长青　wàngǔ cháng qīng
万古长存　wàngǔ cháng cún
万古流芳　wàngǔ liúfāng
万世师表　wàn shì shī biǎo
万载千秋　wàn zǎi qiān qiū
万代千秋　wàndài qiān qiū

"年"的词语扩展

1. 年纪　niánjì

    age

    年纪轻/上了年纪/年纪相仿

2. 年龄　niánlíng

    age

    入学年龄/退休年龄/结婚年龄

3. 年轻　niánqīng

    young; youthful

    年轻人/年轻的心/年轻力壮

4. 年富力强　nián fù lì qiáng

    in one's prime and full of vigor

    这所新建的大学,不但具备一流的教学环境,而且还拥有一批年富力强的学科骨干。

5. 年事已高　nián shì yǐ gāo

　　　　　　be at an advanced age

由于老艺人们有些年事已高，有些相继去世，致使中国民间的一些传统手艺面临着失传的威胁。

6. 年高望重　nián gāo wàng zhòng

　　　　　　be aged and virtuous; be of venerable age and eminent virtue

有几位年高望重的老专家，这次也出席了国际研讨会。

7. 延年益寿　yánnián yìshòu

　　　　　　prolong life, enjoy longevity

长期保持良好的生活习惯，可以使人延年益寿。

习俗与传说

过年好
guònián hǎo

　　传说很久很久以前，在中国的北方有一个叫"年"的大怪物，它的体形很像骆驼，跑起来像风一样快，吼起来像雷一样响，性情十分凶猛，总是危害百姓。天神知道了此事，决定把"年"锁进深山里，只允许它每年农历的大年三十晚上，出山走动一回。

　　有一年的大年三十晚，"年"又出山了。可是这一次，当它刚走到附近的一个村口，便被噼噼啪啪的爆竹声震住了。惊吓中，"年"逃到了一户人家的屋檐下，想定定神，喘息喘息，没想到，却又被这户人家门缝里透出的红色火苗吓呆了，"年"这下可再也不想停留片刻，一溜烟儿逃回进了深山中。于是，根据"年"的这一系列表现，人们总结出

第十章 年 nián

"年"有三怕：一怕声响，二怕红色，三怕火光。从此，每当"年"要出山的大年三十晚上，人们便开始在自家门前放鞭炮、贴红色的春联、点起堆堆篝火，用以震慑(shè)这个出山的"年"。当"年"一次次被吓跑后，大家都会兴高采烈地相互祝贺，连声说："过年好！过年好！"

由此，在中国的春节期间，就有了见面问候"过年好"的习俗（Happy New Year）。

古　诗

元日　　　　　　　　　　Yuánrì
（宋）王安石　　　　　　（Sòng）Wáng Ānshí

爆竹声中一岁[1]除，　　bàozhú shēng zhōng yīsuì chú,
春风送暖入屠苏。　　　chūnfēng sòngnuǎn rù túsū。
千门万户曈曈日，　　　qiānménwànhù tóngtóngrì,
总把新桃换旧符。　　　zǒng bǎ xīntáo huàn jiùfú。

The Lunar New Year's Year[2]
（Song Dynasty）Wang Anshi（1021—1086）

In crackers' cracking noise the old year passed away;

The vernal breeze brings us warm wine and warm spring day.

One thousand doors the Sun sheds brilliant light, behold,

New couplets hang on the doors to replace the old.

---

1 一岁即一年。
2 英译文，选自许渊冲（2004）《中国古诗精品三百首》，北京：北京大学出版社。

索 引

汉字 (十个汉字)	作品名称	拼音	画家与作品年代	作品出处
百	百龄图	bǎi líng tú	恽寿平(1633—1690),1673年作。	中国嘉德2006秋季拍卖会中国古代书画目录,中国嘉德国际拍卖有限公司,图号1378。
	百龄富贵	bǎi líng fùguì	蒲华(1839—1911),1910年作。	选自北京翰海2003春季拍卖会中国书画(古代)目录,北京瀚海艺术品拍卖公司,图号629。
	百禄图	bǎi lù tú	①沈铨(1682—1760),1753年作。	① Christie's Hong Kong *Fine Classical Chinese Paintings and Calligraphy*, 31 October 2004, Item No.419.
	百禄图	bǎi lù tú	②清康熙年制的花盆托盘,属传统谐音图案。	② Christie's London *Export Art of China and Japan*,7 April 1997,Item No.40.
	百禄图	bǎi lù tú	③清光绪年制的粉彩尊,属传统谐音图案。	③ 2008春季拍卖会瓷器玉器工艺品目录,中国嘉德国际拍卖有限公司,图号2013。
	受天百禄	shòu tiān bǎi lù	①张熊(1803—1886),1882年作。	① 西泠印社2008年春季艺术品拍卖会,中国书画近现代名家作品专场目录,西泠印社拍卖行有限公司,图号729。
	受天百禄	shòu tiān bǎi lù	②金梦石(1869—?),1930年作。	② 广东保利2007冬季拍卖会中国近现代书画目录,广东保利拍卖行有限公司,图号587。
	齐眉百子图	qí méi bǎi zǐ tú	颜元(1635—1704)	上海崇源2008迎春拍卖会中国书画目录,上海崇源艺术品拍卖有限公司,图号625。
	百寿	bǎi shòu	齐白石(1864-1957),1934年作。	郎绍君、郭天民(1996)《齐白石全集》第四集,图号55。

索 引

	百事如意图	bǎi shì rúyì tú	陈鸿寿(清生卒年不详)	杨涵(1989)《中国美术全集》绘画编11清代绘画下卷,台北:锦绣出版社有限公司,图号122。
	柏柿如意	bǎi shì rúyì	朱见深(1447—1487),1481年作。	吉平(2005)《故宫珍藏书画精粹》,北京:北京出版社,第104–105页。
	萱寿百龄	xuān shòu bǎi líng	张槃(1812—卒年不详),1886年作。	北京瀚海2001春季拍卖会中国书画(古代),北京瀚海艺术品拍卖公司,图号703。
	百龄和合,桂子兰孙	bǎi líng hé hé, guì zǐ lán sūn	张赐宁(1743—卒年不详)	《湖南图书馆馆藏字画选》,北京:北京图书馆出版社,第61页。
	百事如意	bǎi shì rúyì	王震(1867—1938),1937年作。	Christie's SWIRE Hong Kong *Fine 19th and 20th Century Chinese Paintings*, 18 March 1991, Item No.216.
	百年和合	bǎi nián hé hé	陆恢(1851—1920)	北京佳士得2007中国现代书画拍卖会目录,北京永乐国际拍卖有限公司,图号436。
	百岁平安	bǎi suì píng'ān	吴熙载(1799—1870),1862年作。	中国嘉德2002年春季拍卖会中国古代书画目录,中国嘉德国际拍卖有限公司,图号844。
福	五福	wǔfú	清道光年制的粉彩盘,属传统谐音图案。	2004春季拍卖会,瓷器玉器工艺品拍卖会目录,中国嘉德国际拍卖有限公司,图号2186。
	平生五福	píng shēng wǔfú	丁观鹏(生卒年不详),约18世纪宫廷画家。	文以诚等(1994)《意趣与机杼》"明清绘画透析国际学术讨论会"特展图录,上海:上海书画出版社,第81页,图号59。
	平安五福自天来	píng'ān wǔfú zì tiān lái	清嘉庆年制的粉彩碗,属传统谐音图案。	Liu Liang-yu (1991) *Ch'ing Official and Popular Wares, A Survey of Chinese Ceramics* ○ 5, Published by Aries Gemini Publishing Ltd, Taipei, Taiwan, P.O.C, Page218.
	五福捧寿	wǔfú pěng shòu	①清光绪年制的黄地粉彩碗,属传统谐音图案。	①北京保利2008新春拍卖会瓷器玉器工艺品目录,北京保利拍卖有限公司,图号19。

谐音"画"汉字

	五福捧寿	wǔ fú pěng shòu	②清道光年制的粉彩锦地盘,属传统谐音图案。	②北京华辰2004春季拍卖会瓷器玉器工艺品目录,北京华辰拍卖有限公司,图号234。
	福寿图	fú shòu tú	①陆恢(1851—1920),1910年作。	① Sotheby's Hong Kong *Fine Modern and Contemporary Chinese Paintings*, 3 November 1994, Item No.640.
	福寿双全	fú shòu shuāngquán	清朝年制的盒子,属传统谐音图案。	薛永年、蔡星仪《中国美术史》清代卷·下,山东:齐鲁书社、明天出版社,图号375。
	福运	fú yùn	①清乾隆年制的瓷器,属传统谐音图案。	① Sotheby's Hong Kong *Fine Chinese Ceramics*, 14 November 1989, Item No.119.
	福运	fú yùn	②清雍正年制的一对瓷碗,属传统谐音图案。	② Sotheby's Hong Kong *Fine Chinese Ceramics and Works of Art*, 30 October 2000, Item No.157.
	多福多寿	duō fú duō shòu	齐白石(1864—1957),1952年作。	Christie's Hong Kong, *Fine Modern and Contemporary Chinese Paintings*, April 25 2004, Item No.65.
	三多(多福、多寿、多子)	sān duō (duōfú, duōshòu, duōzǐ)	清乾隆年制的双龙耳扁瓶,属传统谐音图案。	Sotheby's Hong Kong Catalogue *Extraordinary Collection of Ming and Qing Imperial Porcelain and Works of Art from a Private Trust*, 29 October 2000, Item No.10.
	福寿无疆	fú shòu wújiāng	齐白石(1864—1957),1945年作。	刘建平(1998)《中国近现代名家画集》,天津:天津人民出版社,图号132。
	福禄鸳鸯	fú lù yuānyāng	齐白石(1864—1957),1941年作。	Sotheby's Hong Kong, *Fine Modern Chinese Paintings*, 17 May 1990, Item No.24.
	福寿图	fú shòu tú	②吴昌硕(1844—1927),1885年作。	② Sotheby's Hong Kong *Fine Chinese Paintings*,1 November 2004, Item No.595.
	福寿人间	fú shòu rénjiān	王震(1867—1938),1916年作。款题全文是"福寿人间,春风颜色共须眉"。	广东保利2008春季拍卖会中国近现代书画,广东保利拍卖有限公司,图号588。

索 引

利	得利图	dé lì tú	① 钱慧安(1833—1911)	① 上海崇源2005春季大型艺术品拍卖会,南秀北奇之三中国近现代书画目录,上海崇源艺术品拍卖有限公司,图号636。
	得利图	dé lì tú	② 沈心海(1855—1941),1935年作。	② 上海国际商品2001春季艺术品拍卖会目录,上海国际商品拍卖有限公司,图号C2。
	大利	dà lì	齐白石(1864—1957),约1950年作。	郎绍君、郭天民(1996)《齐白石全集》第七集,湖南美术出版社,图号37。
	大喜大利	dà xǐ dà lì	齐白石(1864—1957),1931年作。	郎绍君、郭天民(1996)《齐白石全集》第三集,湖南美术出版社,图号142。
	多利	duō lì	齐白石(1864—1957)	何恭上(1999)《齐白石彩色精选》,台北:艺术图书公司,图号211,第162页。
	多多利利	duō duō lì lì	齐白石(1864—1957),1948年作。	北京翰海2008春季拍卖会瑰宝堂藏画,日本回流重要名家精品目录,北京翰海拍卖有限公司,图号417。
	多利多子	duō lì duō zǐ	齐白石(1864—1957),1947年作。	中国嘉德2005秋季拍卖会近现代书画(二)目录,中国嘉德国际拍卖有限公司,图号2243。
吉	大吉	dà jí	① 清嘉庆、道光时期五彩公鸡型盖碗,属传统谐音图案。	① Christie's London *Fine Chinese Ceramics, Paintings, Jades, Works of Art and Export Porcelain*, 15th June 1998, Item No.331.
	大吉	dà jí	② 18世纪的公鸡摆设品,属传统谐音图案。	② Christie's London *Export Art of China and Japan*, 7th April 1997, Item No.104.
	室上大吉	shì shàng dà jí	清雍正年制的粉彩杯,属传统谐音图案。	*The Paul and Helen Bernat Collection of Important Qing Imperial Porcelain and Works of Art*, 15th November 1998, Item No.42.
	百事大吉	bǎi shì dà jí	李鱓(1686—1762),1750年作。	Christie's Catalogue *Fine Classical Chinese Paintings and Calligraphy*, 25 April 2004, Item No.419.

	吉利万千	jí lì wàn qiān	齐白石(1864—1957),1947年作。	郎绍君、郭天民(1996)《齐白石全集》第六集,湖南美术出版社,图号156。
	大吉	dà jí	③丁辅之(1879—1949),1944年作。	③ Christies' SWIRE Hong Kong Catalogue *Fine 19th and 20th Century Chinese Paintings(Part 2)*,19 March 1990, Item No.190.
	大吉大利	dà jí dà lì	齐白石(1864——1957),约40年代中期作。	郎绍君、郭天民(1996)《齐白石全集》第六集,湖南美术出版社,图号59。
	百世多吉	bǎi shì duō jí	齐白石(1864—1957),1952年作。	郎绍君、郭天民(1996)《齐白石全集》第七集,湖南美术出版社,图号122。
	吉庆	jí qìng	①清嘉庆年制的粉彩如意耳瓶,属传统谐音图案。	①1995秋季拍卖会瓷器玉器工艺品目录,中国嘉德国际拍卖有限公司,图号715。
	吉庆	jí qìng	②民国年制的粉彩双耳瓶,属传统谐音图案。	②中国嘉德2007春季拍卖会瓷器玉器工艺品会目录,中国嘉德国际拍卖有限公司,图号1981。
	吉庆如意	jí qìng rúyì	清年制的白玉佩,属传统谐音图案。	上海国际商品1998秋季艺术品拍卖会,瓷器、玉器、珠宝、工艺品专卖场目录,上海国际商品拍卖有限公司,图号451。
	吉庆有余	jí qìng yǒuyú	天津市杨柳青的年画,属传统谐音图案。	邓福星(1995)《中国民间美术全集9》装饰编·年画卷,济南:山东教育出版社和山东友谊出版社,图号88。
	击磬图	jí qìng tú	黄慎(1687—1766)	陈文平(2001)《流失海外的国宝》,上海:上海文化出版社,图号2,第313页。
	吉庆图	jí qìng tú	包楷(1736—1820)	上海崇源2008迎春拍卖会第二场中国书画目录,上海崇源艺术品拍卖有限公司,图号646。
	吉祥如意	jíxiáng rúyì	属传统谐音图案	望抗生,蓝先琳(2004)《中国吉祥图典》下册,沈阳:辽宁科学技术出版社,第262页。

索 引

路	一路富贵	yílù fùguì	清1720-30年制的青花盘,属传统谐音图案。	Jean McClure Mudge *Chinese Export Porcelain In North America*, published by Clarkson N.Potter, Inc., Item No.192.
	大路无涯	dàlù wúyá	陈雄立(当代画家)	北京大学国际交流合作处,北京北大资源集团(1998)《北京大学百年校庆书画邀请展作品集》,第26页。
	一路荣华(上篇"前言"也有选用)	yílù rónghuá	李鱓(1686-1762)	(1994)《扬州八家画集》,天津人民美术出版社,图号39。
	一路荣华到白头	yílù rónghuá dào báitóu	朱文侯(1895—1961)	上海崇源2008年迎春拍卖会中国书画目录,上海崇源艺术品拍卖有限公司,图号708。
	一路清廉	yílù qīnglián	① 明天启(1621—1627)年制的花盆垫盘,属传统谐音图案。	① He Li Chinese *Ceramics The New Standard Guide*, Published by Thames and Hudson, Page237,Item No.473.
	一路清廉	yílù qīnglián	② 清晚期年制的法华罐,属传统谐音图案。	② *Chinese and Japanese Work of Art*, Jakarta 13 August 2005,PT.Balai Lelang Borobudur, Item No.38
	一路连科	yílù liánkē	① 清乾隆年制的法华罐,属传统谐音图案。	① *Sotheby's New York, Fine Chinese Ceramics, Furniture and Works of Art*,28 November 1994,Item No.375.
	一路连科	yílù liánkē	② 明末清初年制的五彩盘,属传统谐音图案。	② 中国嘉德2008春季拍卖会瓷器玉器工艺品目录,中国嘉德国际拍卖有限公司,图号2025。
喜	双喜	shuāng xǐ	齐白石(1864—1957)	中国嘉德2006秋季拍卖会近现代书画(二)目录,中国嘉德国际拍卖有限公司,图号1174。
	双喜在望	shuāng xǐ zài wàng	华嵒(1682—1756)	中国嘉德2003春季拍卖会中国古代书画目录,中国嘉德国际拍卖有限公司,图号987。

	四时双喜图（上篇"前言"也有选用）	sìshí shuāngxǐ tú	于非闇（1887—1959），1936年作。	北京翰海2008春季拍卖会瑰宝堂藏画，日本回流重要名家精品目录，北京翰海拍卖有限公司，图号412。
	四喜图	sìxǐ tú	于非闇（1887—1959），1957年作。	《名家瀚墨》月刊第18期目录，香港：瀚墨轩出版有限公司，第118页。
	喜上眉梢	xǐ shàng méi shāo	王震（1867—1938），1936年作。	上海国际2004春季艺术品拍卖会熊松泉及多宝斋书画藏品展览目录，上海国际商品拍卖有限公司，图号C177。
	喜从天降	xǐ cóng tiān jiàng	苏州桃花坞的年画，属传统谐音图案。	王阑西、王树村《钟馗百图》，广东：岭南美术出版社，图号93。
	就地见喜图	jiùdì jiàn xǐ tú	陆恢（1851—1920），1895年作。	北京瀚海2003春季拍卖会中国书画（人物画）目录，北京瀚海艺术品拍卖公司，图号77。
	福喜偕临	fú xǐ xié lín	王震（1867—1938），1913年作。	Christie's SWIRE Hong Kong *Fine 19th and 20th Century Chinese Paintings(Part 1)*, 19 March 1990, Item No.141.
	喜象	xǐ xiàng	① 清中期年制的玉器摆设品，属传统谐音图案。	① 薛永年、蔡星仪（2000）《中国美术史·清代卷下》，山东：齐鲁书社、明天出版社，图号340。
	喜象	xǐ xiàng	② 元代或明朝年制的玉器摆设品，属传统谐音图案。	② Christie's Catalogue *Fine Chinese Ceramics and Works of Art*, 23 March 1995, Item No.207。
仙	神仙富贵	shénxiān fùguì	① 任伯年（1840—1896），1885年作。	① 邱东联，王建宇（1999）《中国近代书画目录》上册，海口：南方出版社，第53页。
	神仙富贵	shénxiān fùguì	② 何煜（1852—1928）	② 上海崇源2005春季大型艺术品拍卖会中国书画精品第一场，南秀北奇之三中国近现代画目录，上海崇源艺术品拍卖有限公司，图号499。

	群仙拱寿	qúnxiān gǒng shòu	宋代年制的缂丝图轴，属传统谐音图案。	王朝闻（2000）《中国美术史》宋代卷·下，山东：齐鲁书社、明天出版社，图号275。
	神仙多寿	shénxiān duō shòu	吴昌硕（1844—1927），1894年作。	北京翰海2008春季拍卖会中国近现代书画（2）目录，北京翰海拍卖有限公司，图号329。
	天仙美人图	tiānxiān měirén tú	高凤翰（1683—1748）	刘芳如（民国九十七年）《书画装池之美》台北市：国立故宫博物院，第74－77页。
	群仙祝寿	qúnxiān zhùshòu	于非闇（1887—1959），1888年作。	邱东联，王建宇（1999）《中国近代书画目录》上册，海口：南方出版社，第7页。
	群仙拱祝	qún xiān gǒng zhù	汤禄名（1804—1874），1855年作。	中国嘉德2002春季拍卖会中国古代书画目录，中国嘉德国际拍卖有限公司，图号831。
	芝仙祝寿	zhī xiān zhùshòu	程竹韵（1874—1934），1932年作。	广东保利2007冬季拍卖会中国近现代书画目录，广东保利拍卖行有限公司，图号600。
	寿相仙风	shòu xiāng xiān fēng	吴昌硕（1844—1927），1924年作。	刘建平（1996第1版）《中国近现代名家画集·吴昌硕》天津：天津人民美术出版社，图号182。
安	安居	ānjū	清道光年制的双耳瓶，属传统谐音图案。	中国嘉德1995春季拍卖会，瓷器、玉器、工艺品拍卖目录，中国嘉德国际拍卖有限公司，图号756。
	安居延寿	ānjū yán shòu	齐白石（1864—1957），1949年作。	Sotheby's Hong Kong Catalogue *Fine Modern Chinese Paintings*, 17 May 1990, Item No.137.
	安乐延年	ān lè yán nián	孙楷（清 生卒年不详）	上海泓盛2006秋季拍卖会中国书画目录，上海泓盛拍卖有限公司，图号543。
	安澜图	ānlán tú	任颐（1840—1895），1873年作。	中国嘉德2005春季拍卖会汉鸿楼藏中国近现代书画目录，中国嘉德国际拍卖有限公司，图号377。

	岁兆平安	suì zhào píng'ān	介文（1767—1827）画作，英和（1771—1840）题款。	上海泓盛2008春季拍卖会中国书画（二）目录，上海泓盛拍卖有限公司，图号570。
	岁岁平安	suì suì píng'ān	清1780—1850年制的珐琅鼻烟壶，属传统谐音图案。	Christie's New York, *Fine Chinese Ceramics and Works of Art*, 25 March 1998, Item No.309.
	事事平安	shì shì píng'ān	齐白石（1864—1957），1942年作。	北京瀚海2004迎春拍卖会中国书画(诚贵堂藏)目录，北京瀚海拍卖有限公司，图号128。
	平安多利	píng'ān duō lì	齐白石（1864—1957），1953年作。	郎绍君、郭天民（1996）《齐白石全集》第七集，湖南美术出版社，图号185。
	平安富贵	píng'ān fùguì	李鱓（1686—1762）	天津人民美术出版社（2003）《李鱓》（国画名师经典画库），天津：天津人民美术出版社，第6页。
	移富贵於平安	yí jiā fùguì zì píng'ān	华嵒（1682—1756）	（1998）《扬州画派书画全集·华嵒》天津人民美术出版社，图号47。
	一家富贵自平安	tiānxiān měirén	高凤翰（1683—1748）	刘芳如（民国九十七年）《书画装池之美》台北市：国立故宫博物院，第74-77页。
清	事事清高	shì shì qīnggāo	齐白石（1864—1957），1948年作。款题全文是："事事清高，菊酒延年，蟠桃长寿"。	高玉珍（1996）《齐白石画集》，台北：国立历史博物馆，图号188。
	清乐何如	qīng lè hé rú	齐白石（1864—1957）	北京瀚海2004秋季拍卖会近现代书画专场（二），北京瀚海艺术品拍卖公司，图号842。
	清白	qīngbái	齐白石（1864—1957），1919年作。	郎绍君、郭天民（1996）《齐白石全集》第二集，湖南美术出版社，图号14。
	清白传家图	qīngbái chuán jiā tú	齐白石（1864—1957），约1938年作。	陈履生（1998）《北京画院秘藏齐白石精品集》第三卷南宁：广西教育出版社，广西美术出版社，第157页。

索 引

	事事清白	shì shì qīngbái	齐白石(1864—1957),1949年作。	西泠印社2008春季艺术品拍卖会近现代名家作品目录,图号536。
	清平富贵	qīngpíng fùguì	齐白石(1864—1957),1944年作。	郎绍君、郭天民(1996)《齐白石全集》第五集,湖南美术出版社,图号308。
	清平福来	qīngpíng fú lái	齐白石(1864—1957),1946年作。	陈履生(1998)《北京画院秘藏齐白石精品集》(第4卷),南宁:广西教育出版社,广西美术出版社,第116-117页,图号25。
	河清海晏	hé qīng hǎi yàn	清朝官窑生产的蓝青描金燕耳罐,属传统谐音图案。	刘良佑(1991)《中国历代陶瓷鉴赏》清官窑及民窑,台北:尚亚美术出版社,第166页。
年	百年和合	nián nián hé hé	李鱓(1686—1762)	上海国际商品2001春季艺术品拍卖会中国书画目录,上海国际商品拍卖有限公司,图号C103。
	年年富贵	duō nián nián fùguì	李鱓(1686—1762),1745年作。	中国嘉德2007春季拍卖会中国古代书画目录,中国嘉德国际拍卖有限公司,图号1118。
	长年	chángnián	齐白石(1864—1957),1953年作。	郎绍君、郭天民(1996)《齐白石全集》第七集,湖南美术出版社,图号175。
	长年大寿	chángnián dà shòu	齐白石(1864—1957)	Sotheby's Hong Kong *Important Chinese Paintings from the Robert Chang Collection(Part 2)*, 6 October 2007, Item No.20.
	长年大贵	chángnián dà guì	齐白石(1864-1957),1946年作。	中国嘉德2005秋季中国近现代书画(二)拍卖目录,中国嘉德国际拍卖有限公司,图号2334。
	长年大利	chángnián dà lì	齐白石(1864-1957),1950年作。	Christie's Hong Kong, *Fine Chinese Modern Paintings*, 2 December 2008, Item No.1355.
	万年富贵百事如意	wànnián fùguì, bǎishì rúyì	金梦石(1869-卒年不详),1939年作。	上海泓盛2006秋季拍卖会中国书画目录,上海泓盛拍卖有限公司,图号349。

其他图例				
上编第一章	三祝图	sān zhù tú	齐白石(1864—957),约1928年作。	陈履生(1998)《北京画院秘藏齐白石精品集》(第一卷)
上编第二章	传胪一甲	chuán lú yī jiǎ	任伯年(1840—896),1887年作。	北京翰海2004迎春拍卖会目录,北京翰海拍卖有限公司,图号289。
上篇第二章	连年有馀	liánnián yǒuyú	天津市杨柳青的年画,属传统吉祥图案。	邓福星(1995)《中国民间美术全集》(9),山东:山东教育出版社和山东友谊出版社,第92页,图号84。
上编第二章	四季平安	sìjì píngān	边寿民(1684—1752)	Sotheby's New York *Fine Chinese Paintings*, 25 November 1991, Item No.64.
上编第二章	开泰图	kāitài tú	沈铨(1682—1760)	Christie's Hong Kong *Fine Chinese Classical Paintings and Calligraphy*, 2 December 2008, Item No.2010.
上编第五章	福运	fú yùn	清光绪年制的粉彩大盘,属传统谐音图案。	Christie's Singapore The Yangzhi Tang Collection of Imperial Porcelain of the Late Qing Dynasty, 30 March 1997, Item 285.
上编第五章	安居	ānjū	清雍正约1730年制大盘,属传统谐音图案。	(1995)《The Taft Museum》Chinese Ceramics and Works of Art, Hudson Hills Press, New York, Page 677.
下编"吉"字章	陆绩怀橘	Lù jì huái jú	钱慧安(1833—1911)	蓝天国际2007年秋季艺术品拍卖会中国书画(一)拍卖会目录,蓝天国际拍卖行有限责任公司,图号187。
下编"利"字章	鱼化龙	yú huà lóng	清光绪雕瓷花式瓶,属传统吉祥图案。	Liu Liang-yu(1991) *Ch'ing Official and Popular Wares*, A Survey of Chinese Ceramics ○5,Published by Aries Gemini Publishing Ltd, Taipei, Taiwan, P.O.C,Page 245.
下编"年"字章	和合二仙	hé hé' èr xiān	王震(1867—1938),1930年作。	Sotheby's Hong Kong *Fine Modern Chinese Paintings*, 2 May 1991,Item No.151.

索 引

说明：

　　所有图例是按照以下两个部分排列的：

1. 上半部：与本书下编十章的编排顺序相同，所呈现的谐音作品顺序，也与每章所呈现的谐音作品顺序相同。
2. 下半部：其他图例，是按照全书上下编各章所呈现的图片顺序排列。

中国历代年表

朝代名称 Name of Dynasty		年表时间(公元)Time
夏 Xia		约前2070—前1600
商 Shang		前1600—前1046
周 Zhou	西周 Western Zhou	前1046—前771
	东周 Eastern Zhou	前770—前256
春秋战国 Spring and Autumn Period and Warring States Period		前770—前221
秦 Qin		前221—前206
汉 Han	西汉 Western Han	前206—公元220
	东汉 Eastern Han	
三国 Three Kingdoms	魏 Wei	220—280
	蜀汉 Shu Han	
	吴 Wu	
晋 Jin	西晋 Western Jin	265—420
	东晋 Eastern Jin	
南北朝 Southern and Northern Dynasties	南朝 Southern Dynasty	420—589
	北朝 Northern Dynasty	
隋 Sui		581—618
唐 Tang		618—907
五代 Five Dynasties		907—960
宋 Song	北宋 Northern Song	960—1279
	南宋 Sothern Song	
辽 Liao		907—1125
金 Jin		1115—1234
元 Yuan		1206—1368
明 Ming		1368—1644
清 Qing		1616—1911
中华民国 Republic of China		1912—1949
中华人民共和国 People's Republic of China		1949—至今

主要参考书籍与文献

Erwin Panofsky(1972)*Studies in Iconology*, Icon Editions, Harper & Row, Publishers, New York, Hagerstown ,San Francisco, London.

Ni Yibin(2009)*Symbols, Art, And Language from the Land of the Dragon*, Duncan Baird Publishers Ltd, London, the United Kingdom and Ireland.中文名字为《一百个汉字》。

Terese Tse Bartholomew(2006)*Hidden Meanings in Chinese Art*, The Asian Art Museum of San Francisco. 中文书名为《中国吉祥图案》。

白乐桑(2002)《说字解词》,北京:北京大学出版社。

毕继民(2005)《传统文化与中国人物画》,北京:中国文史出版社。

蔡智敏(2008)《学汉语小字典》,北京:外文出版社。

常敬宇(2009)《汉语词汇文化》(增订本),北京:北京大学出版社。

陈勤建、尹笑非(2006)《点击中国吉祥艺术》,上海:上海人民美术出版社。

大 乔(2008)《图说中国吉祥物》,北京:中国社会科学出版社。

杜道明(2008)《汉语作为第二语言教学文化概说》,北京:北京大学出版社。

冯胜利(2006)《汉语书面语初编》,北京:北京语言大学出版社。

冯天瑜(2001)《中华文化辞典》,武汉:武汉大学出版社。

符淮青(2004)《现代汉语词汇》增订本,北京:北京大学出版社。

何九盈(2000)《汉字文化学》,沈阳:辽宁人民出版社。

黄伯荣、廖序东(2002)《现代汉语》,(上下册)北京:高等教育出版社。

黄华新、陈宗明(2004)《符号学导论》,郑州:河南人民出版社。

惠　宇(2004)《新世纪汉英大词典》,北京:外语教学与研究出版社。

李　典(2005)《中国传统吉祥图典》,北京:京华出版社。

李　杰(2006)《成语故事》,哈尔滨:哈尔滨出版社。

李晓丽(2003)《十万个动物故事》,上海:上海科学普及出版社。

刘道超(2004)《择吉与中国文化》,北京:人民出版社。

鲁健骥、吕文华(2007)《商务馆学汉语词典》,北京:商务印书馆。

陆俭明(2005)《现代汉语语法研究教程》(第三版),北京:北京大学出版社。

倪亦斌《中国装饰艺术中谐音画之解析》,选自徐杰、钟奇主编(2007)《汉语词汇·句法·语音的相互关联》,北京:北京语言大学出版社。

彭　德(2004)《中国美术史》,上海:上海人民出版社。

强　利(2007)《神仙讲坛》,北京:京华出版社。

商子庄(2009)《中国古典建筑吉祥图案识别图鉴》,北京:新世界出版社。

沈利华、钱玉莲(2005)《中国吉祥文化》,呼和浩特:内蒙古人民出版社。

[瑞士]费尔迪南·德·索绪尔,高名凯译(2009)《普通语言学教程》,北京:商务印书馆。

束定芳、庄智象(2008)《现代外语教学:理论实践与方法》,上海:上海外语教育出版社。

佟玉斌、佟　舟(2001)《诗书画印典故辞典》,北京:长征出版社。

王成纲(2006)《细说成语典故》,北京:九州出版社。

王立导(2008)《中国传统寓意图像》,北京:人民美术出版社。

王铭玉、宋　尧(2004)《符号语言学》,上海:上海外语教育出版社。

袁　鹏(2008)《中华语文大观园》,北京:海潮出版社。

张道一(2001)《中国民间美术辞典》,南京:江苏美术出版社,第13页。

张国风(2004)《荀子箴言》(历代圣贤箴言观止),北京:中国社会出版社。

张美霞(2000)《说字释词谈文化》,(第1册),北京:北京语言文化大学出版社。

张闻玉(2009)《汉字解读》,南京:凤凰出版社。

周桂钿(2000)《中国传统哲学》,北京:北京师范大学出版社。

赵　华(2009)《"谐音字画"之我见》,新加坡《南洋艺术》季刊总26期。

赵　华(2009)《谐音字画款题形式和图像的归类》,新加坡《南洋艺术》季刊总27期。